市场营销战略与创新路径探究

罗建文 著

延吉·延边大学出版社

图书在版编目（CIP）数据

市场营销战略与创新路径探究 / 罗建文著. -- 延吉：延边大学出版社，2024.9. -- ISBN 978-7-230-07211-3

Ⅰ.F713.54

中国国家版本馆 CIP 数据核字第 2024Z0N852 号

市场营销战略与创新路径探究

著　　　者：罗建文	
责任编辑：李　利	
封面设计：文合文化	
出版发行：延边大学出版社	
地　　址：吉林省延吉市公园路 977 号	邮　编：133002
网　　址：http://www.ydcbs.com	E-mail：ydcbs@ydcbs.com
电　　话：0433-2732435	传　真：0433-2732434
印　　刷：长春市华远印务有限公司	
开　　本：787 毫米×1092 毫米　1/16	
印　　张：8.75	
字　　数：185 千字	
版　　次：2024 年 9 月第 1 版	
印　　次：2025 年 1 月第 1 次印刷	
书　　号：ISBN 978-7-230-07211-3	
定　　价：60.00 元	

前　言

市场环境的日新月异、社会环境的不稳定性以及消费需求的多样化与多层次性已成为当今市场发展的主旋律。为此，所有处在激烈市场竞争中的企业，不仅要着眼于企业目前的生存与发展，而且要着重思考企业在未来市场发展中立足的根本。

市场营销战略作为企业战略理论发展的重要内容，是企业战略管理体系的重要组成部分，通常被界定为一种职能战略。但是从市场营销角度来看，市场营销战略不仅是企业营销计划与营销执行的依据，更是企业战略的核心或主体，是从基础营销理论中分离出来的一个新的重要分支。市场营销战略的一个基本问题就是要确定企业用什么产品进入什么市场，或者说为谁提供什么产品或服务。从市场需求的视角来看，市场营销战略实际上贯穿于企业总体战略、经营单位战略和职能部门战略等多个战略层次之中。

本书共分为六章，先是对市场营销以及市场营销战略进行了概述。然后讨论了市场营销战略的要素，如企业使命、企业目标、经营范围等；深入分析了市场营销战略体系；对市场营销战略的实施、控制与评估进行了详细说明；介绍了市场营销战略的新发展，包括网络营销、绿色营销、知识营销、关系营销。最后详述了市场营销战略的构建路径，并提出了可行性意见。

本书在撰写过程中，参考、借鉴了大量著作与部分学者的理论研究成果，在此一并表示感谢。由于笔者精力有限，加之行文仓促，书中难免存在疏漏与不足之处，望广大读者批评指正，以使本书更加完善。

目　录

第一章　绪论 ………………………………………………………………… 1
　　第一节　市场营销概述 …………………………………………………… 1
　　第二节　市场营销观念的演变 …………………………………………… 7
　　第三节　市场营销战略概述 ……………………………………………… 10

第二章　市场营销战略要素 ………………………………………………… 23
　　第一节　企业使命 ………………………………………………………… 23
　　第二节　企业目标 ………………………………………………………… 26
　　第三节　经营范围 ………………………………………………………… 30
　　第四节　资源配置 ………………………………………………………… 32
　　第五节　竞争优势 ………………………………………………………… 35
　　第六节　协同作用 ………………………………………………………… 37

第三章　市场营销战略体系分析 …………………………………………… 39
　　第一节　深度分析市场机会 ……………………………………………… 39
　　第二节　准确选择目标市场 ……………………………………………… 42
　　第三节　正确的市场定位 ………………………………………………… 54
　　第四节　完善的营销计划 ………………………………………………… 56
　　第五节　高标准的产品生产 ……………………………………………… 60
　　第六节　严格的营销管理与售后 ………………………………………… 63

第四章　市场营销战略的实施、评估、控制与审计 ⋯⋯ 66

　　第一节　市场营销战略的实施和评估 ⋯⋯ 66
　　第二节　市场营销战略控制 ⋯⋯ 70
　　第三节　市场营销审计 ⋯⋯ 77

第五章　市场营销战略的新发展 ⋯⋯ 83

　　第一节　网络营销 ⋯⋯ 83
　　第二节　绿色营销 ⋯⋯ 89
　　第三节　知识营销 ⋯⋯ 100
　　第四节　关系营销 ⋯⋯ 105

第六章　市场营销战略的构建路径研究 ⋯⋯ 108

　　第一节　树立"满足消费者个性需求"的市场营销理念 ⋯⋯ 108
　　第二节　实施深度的市场调研与大数据分析 ⋯⋯ 110
　　第三节　利用信息技术拓宽市场营销渠道 ⋯⋯ 112
　　第四节　建立完善的市场营销服务体系 ⋯⋯ 122

参考文献 ⋯⋯ 132

第一章　绪论

第一节　市场营销概述

一、市场营销的含义

市场营销，又被称为市场学、市场行销或行销学，MBA、EMBA 等经典商管课程均将市场营销作为对管理者进行管理和教育的重要模块。市场营销是在创造、沟通、传播和交换产品中，为顾客、客户、合作伙伴以及整个社会带来价值的一系列活动、过程和体系。

市场营销是由英文 marketing 一词翻译过来的，原意是指市场上的买卖活动。随着市场经济的发展，人们对市场营销的认识不断深化，但由于考虑问题的角度不同，便形成了对市场营销的不同理解，从而产生了不同的市场营销概念。

1960 年，美国市场营销协会（American Marketing Association, AMA）曾提出一个定义：市场营销是指引导产品和劳务从生产者流向消费者或用户所进行的一切企业活动。这也是关于市场营销概念的较早的一种解释。

尤金·麦卡锡认为，市场营销是引导物品及劳务从生产者至消费者或使用者的企业活动，以满足顾客需要并实现企业的目标。菲利普·科特勒认为，市场营销是个人和集体通过创造，提供出售，并同别人交换产品和价值，以获得其所需之物的一种社会和管理过程。

1985 年，美国市场营销协会重新给市场营销下了定义：市场营销是（个人和组织）对思想、产品和服务的构思、定价、促销和分销的计划和执行过程，以创造达到个人和组织的目标的交换。与其他定义相比，该定义在内涵上丰富得多，从而更符合社会的实际情况。该定义把市场营销的主体从企业扩展到整个社会；把市场营销的客体从产品扩展到思想、服务的领域；强调市场营销的核心功能是交换；指明市场营销的指导思想是顾客导向；说明市场营销活动是一个过程，而不是某一个阶段。

站在企业的角度，所谓市场营销就是企业在不断变化的市场环境中，为了满足并引导消费者的需求，所进行的市场选择、产品开发、产品定价、分销、促销和提供服务等一系列的企业活动，其目的是完成交换并实现企业的目标。

二、市场营销的核心概念

无论是对市场营销定义的考察，还是对市场营销理论与实际的研究，都涉及一系列重要概念：需要、欲望和需求，产品价值和效用，交换、交易和关系，市场，市场营销者等。

（一）需要、欲望和需求

需要、欲望和需求是三个密切联系而又相互区别的概念。人类为了生存需要食物、衣服、空气、水、房屋等，这种对必需品的愿望就是需要。而欲望则是对能满足更深层次需要的物品的愿望，也就是人们对生存必需品以外的要求。从这种角度看，人们的需要有限而欲望是无止境的。市场营销人员并不能创造人类的需要，因为它是客观存在的；而欲望是一种主观意识，受到社会环境的影响，因此市场营销人员能够影响人们的欲望。需求是指有支付能力的现实的需要和欲望，是企业市场营销活动的出发点，市场营销人员不仅要了解需求、适应需求，而且要以各种方式影响市场需求。

（二）产品价值和效用

市场需求是通过产品来满足的。在市场营销学中，产品不仅指产品实体，还包括任何能满足人们的需要和欲望的东西，如各种服务。事实上，能够满足某种需要的产品有很多，人们要从中进行选择，选择的标准是产品的价值和效用。产品的价值是一个理论上的概念，实际上，消费者最为关心的是产品的效用。效用是指产品满足人们需要的能力。在消费者心目中，一种产品越接近其理想的产品，其效用就越大；一种产品比另一种产品提供的效用越多，其价值也就越高。产品的价值和效用直接关系到消费者的选择，因此这两个概念对于市场营销人员来说是十分重要的。

（三）交换、交易和关系

交换是以提供某种产品作为回报而从他人手中得到所需物品的行为。当人们决定通过交换来满足其需要和欲望时，就产生了市场营销。交换要在一定条件下才能发生，这些条件至少包括交换双方：每一方都能提供对方所需要的物品；每一方都有交流与运送的能力；每一方都有接受或拒绝对方产品的自由；每一方都认为同对方交换是合适的或满意的。上述条件使交换成为可能，而实际交换的发生还取决于买卖双方是否能够找到这样的交换条件，即双方都从交换中受益。交换实际上是一个过程，当双方进行谈判以期达成协议时，交换正在进行之中。而一旦达成协议，交易便发生。所谓交易是指买卖双方进行价值交换的行为，是交换的基本组成部分。一项交易包括两项具体的内容：其一是两个以上有价值的物品；其二是买卖双方同意的交换条件、时间和地点。通常，市场营销人员需要研究对方需要什么，并努力诱发目标顾客做出其所期望的反应，以实现交易行为。但是在激烈的市场竞争条件下，人们逐渐感觉到，市场营销不应以实现某一独立的交易行为为中心，企业应致力于建立与顾客互利互惠的伙伴关系。良好的关系能够带来连续不断的、稳定的交易。

（四）市场

市场是一个与交换密切相连的概念，它有几种不同的含义。在市场营销学的范畴里，市场是指一切具有特定需求或欲望，并且愿意和能够通过交换来满足这些需求或欲望的潜在顾客。因为市场营销是站在卖方角度，研究如何适应买方需求，以实现企业目标。所以，市场营销学中的市场特指需求一方，它由三个基本要素组成，即有需要的人、满足这种需要的购买能力和购买意愿。因此，市场营销人员可以根据有需要又有购买意愿的人数和购买力水平衡量市场规模。

（五）市场营销者

从一般意义上说，市场营销者是指向他人寻求资源并愿意提供某种有价值的东西作为交换的人。但是，在实际交换中，往往交换双方都具有这一特征，这就要看哪一方更积极、更主动适应另一方的需要，寻求交换，哪一方就可称为市场营销者，而另一方则称为潜在顾客。如果交换双方都积极地寻求对方反应、促成交易，就可以把双方都称为市场营销者，这是一种互惠市场营销。

三、市场营销学的发展

市场营销是商品生产经营者为生存和发展而处理以市场为中心的各种外部关系，适应和驾驭外部环境的微观经济活动过程。在不同的环境条件下，在市场经济与市场竞争发展的不同阶段，市场营销的重要性与活动内容有很大不同，基于市场营销实践的市场营销理论也有很大差异。

（一）市场营销学的历史沿革

市场营销学作为一门新兴的学科，于19世纪末20世纪初产生于资本主义经济发达的美国。纵观它的发展历程可以看出，市场营销学对市场营销活动规律的认识是逐步深化的，它的发展大致经历了以下四个阶段：

1.市场营销学形成阶段（19世纪末至20世纪20年代）

19世纪末20世纪初，继英国的工业革命后，一些主要的资本主义国家也相继完成了工业革命，资本主义商品经济迅速发展，产品供应量迅速增加，市场开始出现产品过剩。经营者为了扩大销售而绞尽脑汁，迫切需要科学的销售方法、技巧来引领，以刺激需求。为适应这种经营实践活动的需求，一些经济学家开始对市场进行研究。1902年，美国一些大学正式设置市场营销课程。1912年，第一本名为《市场营销学》的教科书问世于美国的哈佛大学，被称为市场营销学作为一门独立学科出现的里程碑。但是，这一时期的市场营销学还缺乏明确的理论体系，研究的内容主要侧重于实体分配和推销方法，其实质只是"推销学"与"广告学"，而且研究仅局限于大学，还没有引起社会足够的重视。

2.市场营销学应用阶段（20世纪20年代至20世纪40年代）

在二十世纪二三十年代到第二次世界大战结束这一段时间里，美国等西方国家随着科学技术的进步，政治、经济情况不断发展变化，特别是1929年至1933年资本主义国家爆发了严重的生产过剩的经济危机，商品积压，商店关门，工厂停产，工人失业。市场开始由卖方市场向买方市场过渡，产品销售成为企业面临的一个较为普遍的问题，对企业再生产的顺利进行构成了很大的威胁。企业为了争夺市场，解决产品的销售问题，开始大规模地研究市场营销活动。于是，市场营销学的研究从大学的讲坛走向社会，有力地推动了市场营销理论研究的深入，理论开始与实践相结合。至此，市场营销学才逐步形成了自己的体系，作为一门较为系统的应用科学逐步建立起来并进入了实际应用阶段，但它的应用范围基本上局限于流通领域。

3.市场营销学变革阶段（20世纪40年代至20世纪70年代）

第二次世界大战后，美国在战争中急剧膨胀的军事工业转向民用，第三次科技革命不断深入，劳动生产力大幅度提高，社会产品急剧增加，这一切都导致供求之间的矛盾更加突出。在这种情况下，市场营销活动发生了重大的变革，即从过去侧重于以推销为主转变为以消费者的需求为中心。这一基本观念的变革，被西方称为"销售革命"，并把它与资本主义的工业革命相提并论。这一变革要求企业把市场在生产过程中的位置颠倒过来。原来的市场营销学把市场看作生产过程的终点，市场营销只是把已经生产出来的产品推销出去；新的市场营销学则强调开发潜在需求，把市场作为生产过程的起点，市场营销必须先调查、分析消费者的需求，据此组织生产和销售。市场营销活动开始突破流通领域，进入生产经营管理，使市场营销学的研究进入了一个新阶段，并得到经济理论界和企业界广泛的重视。

4. 市场营销学创新发展阶段（20世纪80年代至今）

市场营销理论在指导企业的市场营销实践中做出了重要贡献。但20世纪80年代以后，随着国际竞争的日益加剧，市场营销环境复杂多变，对某些特殊的市场营销环境而言，常规的市场营销理论及方法暴露出某种局限和不足。1984年，科特勒提出了"大市场营销"理论。大市场营销理论是20世纪80年代市场营销战略思想的又一新发展。这一理论为企业应付更复杂的环境，打破各种封闭市场的"壁垒"，成功地开展市场营销提供了有力的武器。

20世纪90年代，国际经济与贸易日益呈现出一种全球化和一体化的趋势，国际竞争空前激烈。为适应这种变化和发展趋势，全球营销管理理论应运而生。全球营销管理理论在审视世界市场时，其角度与视野都发生了某些本质上的变化。它突破了国界的概念，从世界市场范围来考虑企业市场营销战略的发展，以求取得企业的综合竞争优势。全球营销管理理论的形成与发展，不仅使国际营销管理在理论上更加成熟，而且在更大的规模和更广泛的意义上拓展了国际化企业在全球市场上开展市场营销活动的战略思想。

（二）市场营销学在中国的发展

改革开放以后，"市场营销"这一概念才真正引入中国。我们学习西方国家百年的市场营销历史，在借鉴西方的市场营销和管理理论的基础上，逐渐形成了我们自己的市场营销方法和理论。市场营销学在中国的发展可以划分为以下几个阶段：

1. 初涉市场营销

改革开放初期，中国的物质商品非常短缺，企业生产的产品都能被消费者接受。企业创建之初仅靠产品和有效的销售渠道，就能够吸引足够的注意力和购买力，获得成功，赚得第一桶金。但是，由于企业过分重视产品生产而不重视市场需求，随着生产的发展，供应增加，竞争加剧，消费需求改变而造成市场压力增大，部分企业生产的产品数量超出了市场的需求量，商品市场面临结构性过剩问题，企业需要解决销售问题。这时候，中国企业可以说从广告开始认识了市场营销。当时的消费者的消费行为尚不成熟，企业的广告确实发挥了一定的作用。但由于企业还抱着"我生产什么，就卖什么"的观念，广告也雷同，随着消费者日渐成熟，广告效果日渐下降。

2. 学习市场营销

20世纪90年代初，西方市场营销的一系列理论被全面引入中国，从理论界到企业都兴起了学习西方市场营销理论的热潮。其中最著名的是科特勒的著作《营销管理——分析、计划和控制》（第五版）的中译本，其对传播市场营销理论和概念起到了重要的

"科普"作用。随之而来的一个个市场营销理论和市场营销概念，从产品市场营销理论 4P 到顾客营销理论 4C，从文化营销到知识营销，再到关系营销、绿色营销等概念的引入，无疑给中国企业指明了市场营销发展的道路。在这个过程中，中国确实出现了一些成功的企业。中国的市场营销在这个阶段注重理论的累积，市场营销这个概念被无限扩大，出现了很多的市场营销神话。但由于理论界和企业对市场营销并没有全面而深入的理解与把握，产生了许多肤浅、片面理解市场营销的现象。企业的市场营销活动也普遍技术化、短视化，而不是从战略的角度全面理解市场营销理论并加以应用。市场营销在中国出现了广告风、包装风、全面质量管理风等潮流。不过，再好的理论都需要与本土的实际情况相结合，才能发挥理论的指导作用。

3. 市场营销理论本土化

20 世纪 90 年代中后期，人们逐渐认识到市场营销理论需要与中国国情相结合，才能使中国企业有更好的发展机会。企业开始意识到，市场营销并不是一种潮流或一项运动，市场营销是从了解消费者的需求出发，有针对性地进行产品开发，通过销售活动满足消费者的需求。中国企业开始重视市场研究、新产品开发，潜心进行品牌经营，关注顾客满意度，从而形成了一批将市场营销理论与中国实际相结合、在激烈的市场竞争中脱颖而出的并起步走向世界的企业。例如，"文化营销"这一概念的引入，就有其特定的基础。人们在享受物质的时候，更加需要的是一种心理感受。这时候的中国企业，还仅限于将市场营销理论与中国的实际国情相结合，还没有发展出自己的市场营销理论。

4. 中国特色市场营销理论的探索

在复杂多变的中国市场上，是没有现成的模式可循的，西方完善的市场营销理论也有其局限性。所以，现在的中国企业更加强调的是在本土化基础上的创新，借助自身对本国国情和消费者的了解，再结合市场营销实战的经验，找到中国市场自己的营销规则。

在这个过程中出现了很多切合中国人思想和文化习惯的市场营销思想，它们针对的是中国人文化积淀上的各种取向：家族取向，注重家庭伦理；关系取向，注重和谐和相互信赖；权威取向，注重对权威的依赖；舆论取向或面子取向，注重别人对自己的看法；人情取向，讲人情；等等。现在已经有部分企业创造出属于自己的行之有效的市场营销体系。随着中国经济的发展、市场环境的变化，会有越来越多的企业和学者，研究适合中国市场环境的、能够切实指导实践的中国式的市场营销理论。

四、市场营销的原则

（一）诚实守信原则

诚实守信是基本层的道德要求的最基础部分，是企业经商道德的最重要的品德标准，是其他标准的基础。在我国传统经商实践中，它被奉为至上的律条。

（二）义利兼顾原则

义利兼顾是指企业在获利的同时考虑是否符合消费者的利益，是否符合社会整体和长远的利益。利是目标，义是要遵守达到这一目标的合理规则。义利兼顾的思想是处理好利己和利他的关系的基本原则。

（三）互惠互利原则

互惠互利是进一步针对企业的市场营销活动的性质提出的交易中的基本信条。互惠互利原则要求企业正确地分析、评价自身的利益，评价利益相关者的利益。对自己有利而对利益相关者不利的活动，由于不能得到对方的响应，而无法进行下去。而对他人有利，对自己无利的，又使经济活动成为无源之水、无本之木。

（四）理性和谐原则

在市场营销中，理性就是运用知识手段，科学分析市场环境，准确预测未来市场发展变化状况，不好大喜功，单纯追求市场占有率，而损失利润。有些企业不问自身的生产条件，只为"标王"而付出高昂的代价，最终只能自食恶果。

第二节　市场营销观念的演变

市场营销观念是企业在开展市场营销管理的过程中，在处理企业、顾客和社会三者利益关系方面所持有的态度、思想和观念，是一个不断发展演变的过程。西方发达国家的市场营销观念的变化大体经历了生产导向、销售导向和市场导向三个时期，先后出现了生产观念、产品观念、推销观念、市场营销观念和社会营销观念。

一、生产观念

在商品经济已经形成并发展了相当一段时间之后,市场上可供交易的产品种类和数量仍然非常有限,人们仅能购买商家提供的商品。即使到了市场经济高度发达的阶段,某些商品的出现仍不能满足消费者在数量上的需要。此时,对于某些商品而言仍处在卖方市场,即供不应求,商家供给什么样的商品,消费者只能消费什么样的商品,对企业而言,只要提高产量、降低成本,便可获得丰厚的利润,企业没有改变市场营销观念的驱动力。生产观念认为,消费者喜欢那些可以随处买得到而且价格低廉的产品,企业应致力于提高生产效率和分销效率,扩大生产,降低成本以扩展市场。例如,美国皮尔斯堡面粉公司,从 1869 年至 20 世纪 20 年代,一直运用生产观念指导企业的经营,当时这家公司提出的口号是"本公司旨在制造面粉"。

美国汽车大王亨利·福特曾宣称:"不管顾客需要什么颜色的汽车,我只有一种黑色的。"这也是生产观念的典型表现。显然,生产观念是一种重生产、轻市场营销的商业哲学。生产观念是在卖方市场条件下产生的。在资本主义工业化初期以及第二次世界大战末期和战后一段时期内,由于物资短缺,市场产品供不应求,生产观念在企业经营管理中颇为流行。中国在计划经济旧体制下,由于市场产品短缺,企业不愁其产品没有销路,工商企业在其经营管理中也奉行生产观念,具体表现为:工业企业集中力量发展生产,轻视市场营销,实行以产定销;商业企业集中力量抓货源,工业生产什么就收购什么,工业生产多少就收购多少,也不重视市场营销。

生产观念是一种"我们生产什么,消费者就消费什么"的观念。因此,除了物资短缺、产品供不应求的情况,有些企业在产品成本高的条件下,其市场营销管理也受产品观念支配。例如,亨利·福特在 20 世纪初期曾倾全力于汽车的大规模生产,努力降低成本,使消费者购买得起,借以提高福特汽车的市场占有率。

生产观念的不足包括:第一,忽视产品的质量、品种与推销;第二,不考虑消费者的需求;第三,忽视产品包装和品牌。

二、产品观念

当生产逐步发展,产品日益丰富,商品由卖方市场向买方市场过渡。此时,消费者会在相同价格下选择质量好的商品,迫使企业的市场营销观念发生变化,出现了产品观念。产品观念认为,消费者喜欢高质量、多功能和具有特色的产品,企业应致力于生产优质产品,并不断精益求精。奉行产品观念的企业认为,只要产品物美价廉,顾客自然会找上门来,"酒香不怕巷子深",拼的就是质量。

产品观念认为,消费者最喜欢高质量、多功能和具有某种特色的产品,企业应致力于生产高值产品,并不断加以改进。产品观念产生于产品供不应求的卖方市场形势下。企业创新并推出一项新产品时,最易陷入产品观念的陷阱。此时,企业最容易出现"市场营销近视",即把注意力放在产品上,而不是放在市场需要上,只看到自己的产品质量好,看不到市场需求在变化,致使企业经营陷入困境。

例如,美国爱尔琴钟表公司在市场营销管理中强调生产优质产品,并通过由著名珠宝商店、大百货公司等构成的市场营销网络分销产品。1958年之前,该公司的销售额始终呈上升趋势,但此后其销售额和市场占有率开始下降。造成这种状况的主要原因是市场形势发生了变化:这一时期的许多消费者对名贵手表已经不感兴趣,而趋于购买那些经济、方便且新颖的手表;而且许多制造商为了迎合消费者需要,已经开始生产低档产品,并通过廉价商店、超级市场等大众分销渠道积极推销,从而夺得了爱尔琴钟表公司的大部分市场份额。爱尔琴钟表公司没有注意到市场形势的变化,依然生产精美的传统样式手表,仍旧借助传统渠道销售,认为自己的产品质量好,顾客必然会找上门,结果企业经营遭受重大挫折。

产品观念的不足包括:其一,市场营销近视症,即过分重视产品本身而不重视市场需求的变化;其二,忽视市场宣传。

三、推销观念

随着生产力的发展,商品种类日益丰富,数量急剧增加,供过于求,形成买方市场,刺激企业不得不转变经营思想,创新市场营销理念,逐步形成了推销观念。

推销观念是一种以市场为中心的经营哲学。推销观念认为,消费者不会主动购买非必需的产品,具有购买惰性和抗惧心理,企业必须积极推销,以刺激消费者大量购买本企业的产品,奉行的口号是"生产什么,就推销什么""我推销什么,人们就买什么"。推销观念与生产观念相比,是经营思想的一大进步,但仍没有从根本上消除"以产定销"的思维模式。

四、市场营销观念

第二次世界大战后,随着科学技术的进步,社会生产力出现了飞跃式发展,产品数量激增,花色品种不断翻新,市场竞争更加激烈。与此同时,主要资本主义国家相继推行了"高工资,高消费,高物价"政策,消费者的需求特征也随之不断变化。在这种新的市场形势下,许多工商企业家认识到买方市场已经形成。消费者的需要是推动企业市场营销活动的轴心,只有主动了解消费者的现实需求和潜在需求,并相应采取一系列市场营销措施来影响和满足消费者的需求,企业才能有效拓展市场,确保企业的效益。因此，一些工商企业不得不把生产观念、产品观念和推销观念改变为市场营销观念来指导企业的营销活动。

市场营销观念认为，实现企业各项目标的关键在于正确确定目标市场的需要和欲望，并且比竞争者更有效地传送目标市场所期望的物品或服务，进而比竞争者更有效地满足目标市场的需要和欲望。市场营销观念的出现使企业经营观念发生了根本性变化，也使市场营销学发生了一次革命。市场营销观念同推销观念相比具有重大的差别。

西奥多·莱维特曾对推销观念和市场营销观念做过深刻的比较，指出推销观念注重卖方需要，市场营销观念则注重买方需要。推销观念以卖主需要为出发点，考虑如何把产品变成现金；而市场营销观念则考虑如何通过制造、传送产品以及与最终消费产品有关的所有事物，来满足顾客的需要。可见，市场营销观念的四个支柱是：市场中心、顾客导向、协调的市场营销和利润。推销观念的四个支柱是：工厂、产品导向、推销、赢利。从本质上说，市场营销观念是一种以顾客需要和欲望为导向的商业哲学，是消费者主权论在企业市场营销管理中的体现。

五、社会营销观念

到了20世纪70年代后期，企业在大搞市场营销的同时，出现了浪费资源、污染环境，甚至损害消费者的健康和长远利益的情况，市场营销观念受到了挑战，兼顾顾客、社会和企业三方面利益的社会营销观念应运而生。

社会营销观念认为，企业为顾客提供产品和服务，不仅要以顾客为中心，以满足顾客的需求和欲望为出发点，而且要兼顾顾客、社会和企业自身三方面的利益，在满足顾客需求、增加社会福利中获利。这就要求企业承担社会责任，协调企业与社会的关系，求得企业的健康发展。

第三节 市场营销战略概述

战略是指为实现某种目标而制订的大规模、全方位的长期行动计划。在企业战略管理体系中，市场营销战略通常被界定为一种职能战略。市场和竞争的全球化、第三产业的崛起以及新技术的飞速发展都迫切要求企业制定和执行有效的市场营销战略。企业所处的宏观和微观环境都会影响和制约企业市场营销战略的制定和实施效果。为了制定行之有效的市场营销战略，企业需要认真分析其内部资源、环境、顾客、竞争对手等，然后结合公司战略和业务战略，进行市场机会分析，从而制定适合企业的市场营销战略。除了传统的STP（市场细分、目标市场、市场定位）和市场营销组合策略外，现在的企业越来越倾向于从实现价值交换的角度认识市场营销战略。

一、市场营销战略的定义和本质

"市场营销"概念自20世纪初出现以来，已逐步受到企业界的普遍重视和广泛应用。但在20世纪70年代以前，大多数企业的市场营销活动更注重战术，对市场营销活动缺乏整体的认识，也没有意识到应该用统一的市场营销战略来指导各项具体的市场营销活动，直到二十世纪五六十年代以后，西方企业才逐步意识到市场营销战略的重要性，理论界也对市场营销战略展开了更广泛和深入的研究。到目前为止，理论界已经形成了一套较为成熟的关于市场营销战略的理论，其中最主要的理论有SWOT理论、STP理论、营销组合理论、业务投资组合理论、目标市场营销战略理论、市场发展战略理论、市场竞争战略理论以及企业营销地位战略理论等。

与此同时，西方企业根据形成的市场营销战略理论系统地制定企业的市场营销战略，并将其作为纲领性文件来指导企业的各项市场营销活动。可以说，市场营销战略为西方企业科学和有序地开展市场营销活动提供了保障，也帮助企业在迅速变化的市场环境中更好地抓住机会，从而取得更大的发展。在我国，市场营销已经受到了大多数企业的高度重视，这些企业不但从观念上接受了市场营销，而且还积极、科学地开展市场营销活动。但是，仍有不少企业没有制定明确的市场营销战略，进而造成市场营销目标的不明确，市场营销活动的开展也显得盲目和无序。究其根本，主要在于这些企业对市场营销战略的重要性认识不够，同时也没有掌握制定市场营销战略的科学方法。

在市场营销学领域中，关于市场营销战略的定义及其本质的描述有很多种。笔者认为，市场营销战略应是指企业确定的在未来的某个时期欲达到的市场营销活动目标，以及为了实现这一目标而决定采取的长期的、全局的行动方案。这一定义包含以下两层含义：

1.明确的战略目标。市场营销战略目标是企业在一定时期内的市场营销活动所要达到和实现的主要目标。战略目标必须通过一定的数量指标来实现，包括营销任务与营销效益指标、市场销售指标、营销成长率指标等。市场营销的外部环境在不断变化，而且在市场交换过程中，潜在的交换方——目标顾客最终是否愿意和企业进行交换，也不是一个企业所能控制的。因此，企业必须面对不断变化的市场营销环境，依据自己拥有的资源和目标顾客的需要来确定企业的市场营销目标和通过努力可以完成的市场营销任务。

2.可行的战略方案。企业不仅需要确定长期的市场营销任务和目标，而且还需要在可能实现目标的诸方案中，选定对本企业来说，在一定的环境条件下相对最好的方案，也就是需要为达到预定的市场营销目标确定一个使企业的资源能被充分合理利用，使目标顾客一定时期内的需要能被充分满足的行动方案。

根据上述定义，笔者认为，市场营销战略的本质是在动态的市场和企业环境内作出正确的市场营销决策，在特定的时间和限定的资源范围内，通过系统的程序获得生存和发展的可持续的竞争优势。

二、市场营销战略的特点

市场营销战略与企业其他战略具有一些共同点，但同时还具有自己的特点，这些特点包括以下几个方面：

1.长远性。市场营销战略既是企业谋取长远发展的反映，又是企业对未来较长时期内如何瞄准市场、赢取市场，从而获得生存和发展的全盘筹划。

2.指导性。市场营销战略对企业的生产经营活动尤其是市场营销活动具有指导意义，特别是对企业各阶段市场营销活动的安排以及市场策划的重点方向起着重要的指导作用。市场营销战略一旦制定，企业各部门、各环节、各岗位就都要为实现这个战略而努力。

3.权变性。市场营销战略在制定之后并不是一成不变的，而是应该根据企业外部环境和内部条件的变化，适时地加以调整，以适应变化后的环境情况，符合市场实际发展的需要。

4.概念性。市场营销战略的表述不是长篇大论，也不是数学模型，而是关键性的简明语言。通过市场营销战略，企业能够形成一种奋发向上的群体意识，并由这种群体意识产生企业的整体行为规范，使企业内部的物质制度和精神诸要素达到动态平衡和最佳结合，从而促进企业的发展。

5.逆向思维性。中国企业的传统思维是先考虑原材料的供应，然后寻找技术，等产品生产出来后再为其寻找市场，这种做法在卖方市场行之有效，但在如今的买方市场已经行不通了。市场营销战略要求企业重视市场，强调市场开发是产品开发的前提和基础，即采用先考虑市场再考虑产品这一逆向思维方式。

6.影响因素的多元性。市场是由购买者、购买力、购买动机等多要素相互影响构成的。影响或决定以上市场要素的因素又是多种多样的，如政治、法律、经济、技术、社会文化、地理、竞争等。这些因素相互依赖、相互作用，使市场呈现变幻莫测的态势，给企业市场营销战略的制定带来了一定的难度。

7.竞合性。企业与市场力量之间的关系是竞争与合作的复杂统一体。市场营销战略的焦点在于达成企业目标。随着环境动荡性的加剧与新经济时代的到来，仅凭一己之力孤军奋战的企业在市场上已经举步维艰，有你无我、势不两立的竞争战略更使诸多企业陷入重重困境。20 世纪 80 年代以来，竞争战略越来越被竞合战略所替代，战略联盟、虚拟企业、战略外包等竞合策略日益成为企业战略选择的重要内容。市场营销战略更要强调竞合性，要纵横捭阖、合纵连横，既竞争又合作，选准竞争或合作的时机与对象，随机应变。

8.顾客导向性。市场营销战略是以顾客为导向的战略。它从发现和分析市场的需求出发，进而根据市场需求作出从企业生产什么、如何生产、怎样参与竞争，到如何销售以及提供何种售后服务的一系列决策。

三、市场营销战略的意义

（一）市场营销战略的作用

1.寻找市场机会

寻找市场机会是市场营销部门的基本职责之一。所谓市场机会就是消费者的需求尚未得到满足，或未能很好地得到满足，是能给企业产品和服务的市场经营带来销售与盈利的机遇与有利因素的综合。市场机会有时间性、空间性、动态性等特征。企业要经常进行市场调研和预测，本着发展新业务的思路，借助市场营销战略的制定与执行过程，逐步发现和识别市场机会。比如，在产品与市场组合方式的范围内，可以从市场深入、市场开发、产品开发三个方面寻求机会；若不存在有吸引力的机会，可沿着一体化发展到多元化发展的思路，继续寻求机会。

2.提升企业竞争力

企业应从自身的现状、环境出发，从长远的角度谋划自身的发展，预测市场变化的趋势，防范和化解企业发展中可能遇到的市场风险和市场危机，确定增加新业务，寻求新的利润增长点。同时，企业应根据市场的机遇和企业的发展优势，逐步找到和培育企业的核心竞争力，从而为企业立足于市场、长期持续发展奠定坚实的基础。

3.整合有限资源

市场营销组合是企业可以控制的四个基本手段，为了保证市场营销目标的实现，企业可以对它们进行综合考虑、整体规划、合理编配、优化组合、扬长避短，使它们密切配合，发挥出系统功能，达到最佳的市场营销效果。

4.实现企业的可持续发展

任何一个企业的资源都是有限的，要以有限的资源来实现企业的可持续发展，科学的市场营销战略至关重要。市场营销战略关系到从企业的有限资源到市场最大有效供给商品优势的转化，从企业商品优势到市场胜势的转化，从市场胜势到企业可持续发展的转化。

（二）市场营销战略在企业发展中的地位

1.市场营销战略是关系到企业兴衰成败的关键性战略

企业作为一个社会组织，是社会分工和专业化发展的产物，其内部具有目的性、整体性和相关性等特点，并在此基础上形成了一个系统。根据系统论的观点，一切系统必须在一定的外部条件状态中才能存在，并与各种外部条件发生相互交换，有着彼此依存的关系。对企业而言，这些外部条件及其状态，便是系统的环境。企业又是一个地区、一个国家乃至世界范围这些更大系统中的子系统。作为一个子系统，企业运行必须受到大系统中的其他因素，即有关环境的制约。环境大多数是不断变化的，其中有些更是瞬息万变，企业必须在自成系统的基础上，提高和强化自己对环境的适应性，即应变能力，这关系到企业的前途和命运。制定市场营销战略，实施战略管理，通过战略的窗口把握时机，避开或消除不利影响，能够保证企业的目标和资源配置始终动态地、有效地与环境变化相适应，使企业的应变能力在明晰、正确的战略方向指引下全力发挥。实践也证明：有了正确的市场营销战略，即使战略执行得不好、管理不善、效率不高，企业仍有盈利的可能性；而如果市场营销战略制定错了，战略执行得越好、效率越高，赔得可能越多，甚至可能导致企业破产倒闭。

市场营销战略之所以重要，还表现在以下几方面：

（1）企业市场营销活动的范围越来越广

自从彼得·德鲁克提出了"创造顾客"的观点之后，为满足顾客需要组织生产，以生产优质产品、开发新产品来引导消费、创造顾客，实现潜在交换，已成为现代企业市场营销的观念。企业已不再是一个闭关自守的"小王国"，而是一个面向社会、面向市场的开放系统。全球市场的形成使企业的市场营销活动步入了一个更加广阔的天地。企业的市场营销战略决策显得更加重要。

（2）现代企业组织的规模越来越大

当今社会，各种类型的大企业、大公司层出不穷，如集团性的跨国公司、股份公司等。这些规模庞大的集团性企业，一般都由母公司、子公司、孙公司，以及财务部、研究与开发部、生产部、营销部、会计部等几大块纵横组成，职工人数多则几万甚至十几万，分支机构遍布全球。如此规模的企业，如果在整个市场营销过程中，仅凭个人的经验决策行事是难以想象的。现在的趋势是在母公司整体发展战略的指导下，更加注重各战略经营单位的独立核算，即由战略经营单位自己进行市场营销战略决策。

（3）现代企业的市场营销对环境的依赖性越来越强

现代企业的市场营销受环境的影响和制约，对环境的依赖性越来越强。任何一个现代企业都是生存在一个变化多端的社会和经济环境中的，为了适应环境变化，必须进行战略决策。环境是一个相互联系的整体，牵一发而动全身，因此企业的市场营销更应重视环境的变化。企业如果适应变化就会取得成功，不适应变化就会招致失败。

2.战略计划是企业进行市场营销管理的基础框架

从企业计划的不同层次或类型来看，一般来说，一个企业的内部结构及其计划、战略，都可能存在以下三个层次：

（1）企业总部级

企业最高层负责制订整个企业的战略计划，即企业总体战略，要决定整个企业的战略方向，并决定相应的资源分配战略和新增业务战略。

（2）经营单位级

一个企业内部通常会有若干个战略经营单位，分别从事不同的业务。各个经营单位要在总体战略的指导下，制订自己的战略计划，即制定经营战略、实施战略管理，以保证本单位的经营活动能够始终指向企业的总体战略规定的目标。

（3）产品级

在较大的企业里，一个经营单位往往拥有若干条产品线以及若干个产品项目和品牌。每一种产品都要分别制订市场营销计划，实施市场营销管理。市场营销计划必须从属于企业的总体战略及经营战略。市场营销活动及其规划，必须在战略计划的框架内进行。销售部门制订市场营销计划，并贯彻、落实这些具体计划，即进行市场营销管理。市场营销活动的结果，由战略计划部门进行评价。这个过程循环往复进行。

在实际工作中，大多数的战略计划部门和经营单位，都要以市场为导向来寻求机会，并制订实现企业目标、完成经营任务的市场营销计划。事实上，战略规划中的这一步，也就是市场营销的第一步，因为它确定了目标市场、合理的销售目标，以及实现目标所需的资源。财务、采购、制造、人事等部门的作用，就是确保有足够的人力、财力、物力去实施市场营销计划。

3.市场营销战略是企业整体战略的"神经"

现代企业不仅要制定全面的根本发展战略，企业的市场营销部门还必须根据企业总体发展战略和环境变化制定相应的市场营销战略。如果说企业根本发展战略是确定企业生存和发展的根本，那么市场营销战略就是这个根本的"神经"或"枢纽"。市场营销战略既是企业战略的一个重要组成部分，又是实现企业根本发展战略的重要保证。这就是说，市场营销战略的制定及实施，可以迅速地体现于企业发展战略中，影响和制约企业整体的发展。

（1）根本发展战略和阶段发展战略

企业战略分为根本发展战略和阶段发展战略。企业根本发展战略是指企业在整个发展期间的战略，它是由企业的根本性质及其与环境的密切关系决定的，主要是通过企业战略计划来确定企业的生存、成长和发展等重大问题。其最大的特点是根本性和稳定性。企业阶段发展战略是企业发展中一定阶段的战略，市场营销战略实际上是一种阶段发展战略，其最大特点是阶段性和相对稳定性。市场营销战略的这种阶段性和相对稳定性表明：一方面，在一定的市场营销活动阶段，它是市场营销活动的统帅、灵魂；另一方面，相对于企业根本发展战略来说，它又是实现企业战略目标的具体行动与策略。换句话说，市场营销战略既是企业整个市场营销活动的总规划，又是将根本发展战略转化成阶段发展战略的一种战术手段。

（2）市场营销战略和根本发展战略相互影响和制约

企业市场营销活动的影响因素有市场环境因素和企业自身因素，这些因素的变化反映到企业市场营销活动中，就会引起市场营销战略的变化，形成市场营销战略阶段性的特点。如某家企业在 20 世纪 70 年代以生产收音机为主，到了 20 世纪 90 年代可能就要重新寻找目标市场，开发新产品，这家企业的市场营销战略也会随之发生变化。因为市场营销战略是在企业根本发展战略的基础上形成的，是企业根本发展战略在企业发展的一定阶段的表现。无论哪家企业或公司，一旦确定了企业根本发展战略目标，也就阐明了通过市场营销活动所要达到的目的。企业战略应包括市场营销战略，否则根本发展战略就会流于形式，难以操作实施；同样，只有市场营销战略而没有根本发展战略也是不现实的，它可能使市场营销战略成为无源之水、无本之木。市场营销战略和企业根本发展战略是企业战略的重要内容，两者缺一不可。

（三）市场营销战略的重要性

第一，保证企业市场营销活动的整体性规划和统筹安排。市场营销战略使企业的各部门以及市场营销工作的各个环节都能按一个统一的目标来运行，形成一个协调的运转机制，为企业市场营销活动的有效性提供相应的保证。

第二，提高企业的资源利用效率。市场营销战略是从诸多的可以达到既定目标的行动方案中选择一个对企业当前情况来说最好的方案。因此，合理制定并得到正确贯彻的市场营销战略，能够保证企业的资源得到有效的配置和最充分的利用。

第三，增强市场营销活动的有序性。在市场营销战略的规定下，企业能够主动地、有预见地、方向明确地按市场营销环境的变化来调整自己的市场营销战术，能减少被动的盲目性，处变不惊，在多变的市场营销环境中按既定目标稳步前进。

第四，明确企业市场营销活动的方向，保证市场营销管理活动的有效性。市场营销战略规定了市场营销活动的任务和目标，以及实现任务和目标的方法和要求，为企业管理阶层对营销活动的管理提供纲领性文件和工作依据，同时也使被管理者明白其工作的成效是怎么衡量的，以及应该如何行动。

第五，是企业参与市场竞争的有力武器。企业之间的竞争不仅是实力的竞争，还有智慧和谋略的较量。企业要想在市场竞争中取得胜利，必须对市场、环境和竞争等因素进行缜密的分析，从而确定正确的行动方向。而这种智慧和谋略正是体现在市场营销战略之中。

第六，具有导向及凝聚人心的作用，是对企业员工的一种愿景激励。市场营销战略勾勒了企业未来的发展方向，暗含了达成目标后员工将能获得的回报，使企业上下明确目标、集中力量、开阔思路、积极创新，为实现市场营销战略目标而努力。

四、市场营销战略的分类

（一）按竞争地位划分

1. 市场领先者战略

市场领先者是指在同一产品市场上，企业的产品市场占有率居于同行业企业之首。竞争能力强的企业，处于众人关注的焦点，若想保持领先者地位，必须在以下三个方面采取行动：

（1）扩大市场总需求

当行业总的市场规模扩大时，占据最大份额的市场领先者往往受益最大。因此，市场领先者要积极地推动整个行业市场的扩张，主要有以下三种方法：

①寻找新的使用者

每一种产品，都有吸引购买者的潜力，许多潜在购买者之所以没有购买该产品，可能是不知道该产品或不了解其特性，或没有意识到自己对该产品的需要。作为市场领先者的企业，应责无旁贷地担负起宣传该类产品功用、刺激消费者购买欲望的重任。

②开发产品新用途

企业可通过发现并推广产品的新用途招揽更多顾客，扩大市场规模。

③扩大产品使用量

企业可以说服人们在每次使用产品时增加使用量，如宝洁公司劝告消费者在使用海飞丝洗发露洗发时，每次将使用量增加一倍，效果更佳。

（2）保证市场份额

"进攻是最好的防守"，市场领先者保持市场份额的最佳办法是不断创新。市场领先者不仅要在现有产品的成本降低、价格调整、渠道创新与促销活动等方面充当开路先锋，而且要不断开拓新业务领域，在产品和业务的一体化与多元化方面有所发展。它常用的策略有阵地防御、侧翼防御、以攻为守、反击防御、机动防御、退却防御等。

（3）提高市场占有率

市场领先者设法提高市场占有率，也是增加收益、保持领先地位的一个重要途径。美国的一项研究表明，市场占有率是与投资收益率有关的重要的变量之一，市场占有率越高，投资收益率也越高。市场占有率高于40%的企业，其平均投资收益率相当于市场占有率低于10%的企业的3倍。因此，许多企业以提高市场占有率为目标。

2. 市场挑战者战略

市场挑战者是指市场占有率仅次于市场领先者，并有实力向市场领先者发起挑战的企业。它的基本战略是扩大市场占有率，从而增加盈利率。市场挑战者战略包括以下三种：

（1）挑战市场领先者的弱点。这是一个高风险与高报酬并存的战略，一旦成功，收益会极为可观。

（2）挑战缺乏创新、财力不足、规模相仿的企业。市场挑战者要选择那些创新不足、财力拮据的同类企业，依靠产品或渠道创新及价格折扣等策略，迅速夺取其原有市场份额。

（3）挑战地区性小企业。与上述两种战略相比，这是一条更为便捷的成功之路。

3. 市场追随者战略

市场追随者必须知道怎样维持现有的顾客，以及怎样去争取一定数量的新顾客。市场追随者战略有以下三种：

（1）紧密地跟随，即市场追随者尽可能地在各细分市场及营销组合方面模仿市场领先者。这类市场追随者几乎以一个市场挑战者的面貌出现，但只要不激进地妨碍市场领先者，就不会发生直接冲突。这样的市场追随者也被描绘成寄生虫。

（2）保持距离地追随，即与市场领先者保持一定差异，而在主要市场的产品创新、价格调整、配销渠道上追随市场领先者。因为这样做不会妨碍市场领先者的市场计划的执行，所以受市场领先者的欢迎。

（3）选择性地追随，即市场追随者在有些方面紧跟市场领先者，而在有些方面按自己的方式行事。它们通常是极具创新性的，在未来极有可能发展成为市场挑战者。

4. 市场补缺者战略

市场补缺者战略的关键在于实行专门化。其具体方式有以下几个方面：

（1）最终用户专业化。该类企业可以专门为某一类型的最终用户提供服务。

（2）垂直专业化。该类企业可以专门为处于生产与分销循环周期的某些垂直层次提供服务，多数市场补缺者就专门为大企业不重视的小规模顾客群提供服务。

（3）顾客规模专业化。该类企业可以集中力量分别向小、中、大规模的顾客群进行销售，如向一家大企业提供其全部产品。

（4）特殊顾客专业化。该类企业可以专门向一个或几个大客户销售产品，有许多小企业就只向一个客户销售产品。

（5）地理市场专业化。该类企业只在全球某一地点、地区或范围内经营业务，如企业只生产显微镜，或者范围更窄一些，只生产显微镜上的镜头等。

（6）产品或产品线专业化。该类企业只经营某一种产品或某一类产品线。

（7）产品特征专业化。该类企业专门生产某一种产品或者具有某一属性的产品。

(8）加工专业化。该类企业只为订购商户生产特制产品。

作为市场补缺者要完成三个任务：创造补缺市场、扩大补缺市场、保护补缺市场。例如，著名的运动鞋生产商耐克公司，不断开发适合不同运动项目的特殊运动鞋，如登山鞋、旅游鞋、自行车鞋、冲浪鞋等，这样就开辟了无数的补缺市场。每当开辟出这样的特殊市场后，耐克公司就继续为这种鞋开发不同的款式和品牌，以扩大市场占有率。

（二）按产品与市场组合方式划分

1. 市场渗透战略

市场渗透战略是指想方设法、更加积极主动地在现有市场上扩大现有产品的市场占有率。市场渗透战略有以下三种主要方法：

（1）促使现有顾客增加购买，包括增加购买次数、购买数量。

（2）争取将竞争者的顾客转向本企业。

（3）吸引新顾客，使更多的潜在顾客、从未使用过该产品的顾客购买产品。

2. 产品开发战略

产品开发战略是指向现有市场提供新产品或改进的产品，目的是满足现有市场的不同需求，如改变产品的外观、造型，或赋予新的特色、内容；推出档次不同的产品，开发新的规格、式样等。

3. 市场开拓战略

市场开拓战略是指将现有产品推向新市场。有以下两种方法：

（1）在现有销售区域内，寻找新的分市场，如一家原以企事业为主要客户的电脑企业，开始向家庭、个人销售电脑。

（2）发展新的销售区域，如从城市市场转向农村市场，由国内市场转向国际市场。

4. 市场多元化战略

如果企业在原来市场营销系统的框架之内已经无法发展，或市场营销系统之外有更好的机会，便可考虑多元化发展战略。它包括同心多角化、水平多角化、综合多角化三种方式。但是进行市场多元化战略必须要有主业或依托主业进行多种经营，这样企业成功的可能性更大一些。

（三）按企业主要竞争手段划分

1. 总成本领先战略

总成本领先战略是指企业努力减少生产及分销成本，使价格低于竞争者的产品价格，以提高市场占有率。在 20 世纪 70 年代，随着经验曲线概念的普及，这一战略已逐步成为企业普遍采用的战略。实现总成本领先需要有一整套具体政策,降低成本是贯穿战略的主题。

2.差异化战略

差异化战略是指企业努力发展差异性大的产品线和营销项目,以成为同行业中的领先者。如 IBM 公司就因采用这一战略而成为计算机行业中的领先者。

3.聚焦战略

聚焦战略是指企业把经营的重点目标放在某一特定购买者集团,或某种特殊用途的产品,或某一特定地区上,集中力量于某几个细分市场,为某一特定目标服务而不是将力量均匀地投入整个市场。

(四)按企业市场发展划分

1.发展现有业务战略

发展现有业务战略是指为了保持企业的稳定持续发展,使企业现有业务的销售额、利润额或市场占有率以更快的速度增长,企业不仅要对现有业务进行评估调整,而且应不断拓展新业务领域。这是一种适应产品或者社会需求时最常用的成功战略。

2.一体化成长战略

一体化成长战略是指企业通过集团化的形式,融供应、生产、销售于一体来实现企业发展的战略。企业集团化可以通过兼并、控制其他相关企业或自己开设子公司的方式来实现。企业集团化能够实现集团内部供应、生产、销售的一体化,可产生规模经济和整体优势,促进企业迅速成长。

一体化成长战略主要有以下三种形式:

(1)后向一体化

后向一体化是指企业向后控制供应商或自己开办原料工厂,以实现供产一体化的成长战略。例如,生产方便面的企业可建立自己的面粉加工厂、调味油厂、调料厂、包装袋厂等,或兼并收购上述类型的中小企业。

(2)前向一体化

前向一体化是指企业向前控制分销商(包括代理商、批发商、零售商)或建立自己的分销网点,以实现产销一体化的成长战略。例如,许多大中企业在各大城市都设立了自己产品的专卖店或连锁店。

(3)水平一体化

水平一体化又称横向一体化、水平整合,是指企业收购或兼并同类产品生产企业来扩大经营规模的成长战略。例如,大的汽车制造商收购或兼并小的汽车生产公司。

近年来,企业集团化、一体化已成为我国企业适应市场经济和对外开放要求的一种普遍趋势。

3.多元化成长战略

多元化成长战略又叫多角化成长战略,是指朝多个方面发展新产品和开发多个市场,以实现企业发展的战略。

多元化成长主要有以下三种形式:

(1) 同心多元化

同心多元化是指企业对新市场、新顾客,以原有技术、特长和经验为基础,有计划地增加新的业务,如拖拉机厂生产小货车,电视机厂生产各种家用电器。由于是从同一圆心逐渐向外扩展经营范围,没有脱离原来的经营主线,利用、发展原有优势,因此该形式风险较小,容易成功。

(2) 水平多元化

水平多元化是指针对现有市场和现有顾客,采用不同技术增加新的业务,这些技术与企业现有的技术能力没有多大关系。比如,一家原来生产农用拖拉机的企业,现在又准备生产农药、化肥。实际上,这是企业在技术、生产方面进入了一个全新的领域,风险较大。

(3) 综合多元化

综合多元化是指企业以新的业务进入新的市场,新业务与企业现有的技术、市场及业务毫无关系。比如,汽车厂同时从事金融、房地产、旅馆等业务。这种做法风险最大。

多元化增长并不意味着企业必须利用一切可乘之机,大力发展新的业务;相反,企业在规划新的发展方向时,必须十分慎重,并结合现有特长和优势加以考虑。

(五) 按企业市场营销环境划分

1.剧增战略

这种战略主要是在短时期内大幅度地改变企业的竞争地位。在推出新产品的条件下,企业的任务主要是开拓可利用的市场;在保持现有产品的情况下,企业则要考虑采取低价倾销的措施。

2.扩充战略

这一战略较上一战略弱,主要是要在改进竞争地位的同时,能够在较长的时期内更好地巩固自己的地位。企业可以通过形成临时性的超额能力来达到这一目的。不过,企业真正实施这一战略需要有较强的计划能力和敢于承担风险的能力。

3.连续增长战略

这种战略主要是为了维持企业的竞争地位。企业采取这种战略,就要在一定的时期内对自己正在发展的市场增加新的投资。在新增投资时,企业应注意不要超出自己的投资能力,即要把握投资的机会和数量。

4.零发展战略

这种战略是指市场仍有发展，但企业有意放弃现有的竞争地位，即放弃保持目前市场占有率的努力。企业采取这种战略的主要出发点是现有产品的竞争能力已较弱，如果刻意加强该产品的竞争能力，企业就要付出较大的代价。因此，企业实施这一战略便意味着不再进一步投资，不再强化推销活动。如果这种产品的收益还大于成本，企业就让其存在下去；一旦该产品的收益小于成本，就终止它。为此，企业要注意产品的延长时间，尽可能地延长该产品的寿命；或者采取果断措施，及时终止这种产品活动。

5.巩固战略

这一战略只适用于饱和的市场，或者正在缩小但还没有完全消亡的市场，因此巩固战略又可称为"稳定市场的零发展战略"。这种战略要求能在较短的时期内保持灵活性、适应性，以及具有一定的创造性。不过，企业在采取这种战略时，如果不能及早地认识市场的变化，就会有很大的风险。

6.收缩战略

这一战略的经营活动是"负"向发展。企业在某种产品或市场处于衰退阶段时，应在较大程度上相应地缩减有关的经营活动，甚至停止活动。当然，企业在采取这种战略时一定要谨慎。

第二章　市场营销战略要素

第一节　企业使命

一、企业使命的内涵

企业是现实世界中社会分工的产物。在制定市场营销战略之前，企业首先需要弄清自身应承担什么样的社会责任，是一个什么性质的企业，如"我们的业务是什么""我们的业务将是什么"以及"我们的业务应该是什么"等一系列看似简单却又十分重要的问题，即弄清什么是企业的使命。企业使命是制定市场营销战略的重要依据之一。

企业使命是指企业战略管理者确定的企业生产经营的总方向、总目的、总特征和总体指导思想。它反映了企业管理者的价值观和企业力求为自己树立的形象，揭示了本企业与同行业其他企业在目标上的差异，界定了企业的主要产品和服务范围，明确了企业的目标是满足顾客需求。企业使命在本质上是企业在社会进步和社会经济发展中所应担当的角色和责任。

企业使命的描述一般是高度概括和抽象的，企业市场营销战略构成要素的首位就是用精练的语言提炼出企业的使命。我们将企业生存、发展、获利等根本性目的作为企业使命的一部分，企业使命是企业战略目标的始点，企业目标是企业使命的具体化。

二、企业使命的内容

企业使命首要的是阐明企业组织的根本性质与存在理由，不同性质和类别的企业因其规模、发展阶段的不同，可能具有不同的战略使命。企业使命内容的确定务必精练、言简意赅，直接描述企业的使命是什么，不可含糊或笼统，要做到画龙点睛。总结起来说，企业使命一般包括两方面的内容，即企业哲学和企业宗旨。

（一）企业哲学

企业哲学是指一个企业为其经营活动方式所确定的价值观、态度、信念和行为的准则，是企业在社会活动及经营过程中起何种作用或如何起这种作用的一个抽象反映。这是企业和企业高层管理者所持有的基本信仰、价值观念的选择，是企业的行为准则。企业哲学一旦形成，就会对企业活动发挥指导作用。企业哲学的主要内容，通常由处理企业经营过程中各种关系的指导思想、基本观点和行为准则构成，如关于企业与所在国关系的观点、关于企业与社会和国家关系的观点、关于企业与外部关系（顾客、竞争对手、供应商、销售商等）的观点、关于企业与雇员关系的观点，以及关于企业内部工作关系的观点等。

（二）企业宗旨

企业宗旨是指企业现在和将来应从事什么样的业务活动，以及应成为什么性质的企业或组织类型。企业宗旨不仅回答了企业是做什么的，更重要的是回答了为什么而做，也就是明确"我们的企业究竟是为什么而存在"。在企业里，企业的生存、增长、获利等三个经济目的，决定着企业的宗旨和战略方向。崇高、明确、富有感召力的使命不仅为企业指明了方向，而且使企业的每一位成员明确了工作的真正意义，激发出内心深处的动机和灵感。

在确定企业宗旨时，企业高层管理人员要避免两种倾向：一种倾向是宗旨确定得过于狭隘，另一种倾向是过于空泛。狭隘的企业宗旨容易束缚管理人员的经营思路，可能使企业丧失许多可以发展的机会；而空泛的宗旨可能没有什么实际意义。

一个企业如果没有明确合适的宗旨，就不可能制定出清晰的战略目标。企业宗旨不仅要在创业之初就加以明确，而且在企业繁荣或衰落之时，更应该经常予以强化。企业应对企业宗旨进行动态分析，以决定它是否需要改变。因为竞争地位、新技术、资源的供给和消耗、市场人口统计特征、政府法规以及消费者需求方面的变化，都会导致企业宗旨的改变。

确定企业宗旨必须看企业与顾客的关系。彼得·德鲁克在《管理：任务、责任和实践》中认为，了解一个企业，必须首先知道它的宗旨，而宗旨是存在于企业自身之外的。因为企业是社会的一个细胞，其宗旨必定存在于社会之中。企业的宗旨只有一个，就是创造顾客。因此，要确定一个企业的宗旨，就得首先回答两个大问题：一是企业的现在是什么，即分析现在的顾客；二是企业的将来应该是什么，即分析和确定潜在的顾客。

1. 分析企业的现在是什么

该分析的目的是明确企业现在所从事的活动、企业的性质，以及在企业性质不变的情况下企业事业的发展，即需要回答下列问题：

（1）谁是顾客？顾客分布于何处？顾客为何购买？如何去接近顾客？
（2）顾客购买什么？
（3）顾客的价值观是什么，即顾客购买商品时期望得到什么？

2.分析企业的将来应该是什么

该分析的目的是了解企业的新机会，以及可以创造哪些机会，以便明确企业的事业将如何改变，即需要回答下列问题：
（1）市场的发展趋势及市场潜力如何？
（2）目前，顾客的哪些需求还不能通过现有产品和服务得到充分满足？
（3）随着经济的发展、消费时尚的改变或竞争力量的推动，市场结构将会发生什么样的变化？
（4）何种革新将改变顾客的购买习惯？
（5）企业的经营业务是否适当？是否应根据外部环境的变化来改变其经营业务？

三、企业使命的描述

企业使命的描述一般是高度概括和抽象的，企业使命不是企业经营活动具体结果的表述，而是为企业提供了一种原则、方向和哲学。过于微观具体的企业使命，如"提供某某产品或服务"，会限制企业功能和战略目标制定过程中的创造性。相对宽泛的企业使命会给企业管理者留有细节填补及战略调整的余地，从而使企业在适应内外环境变化中有更大的弹性。但相对宽泛并不等于空泛笼统，如"为顾客创造价值""成为一流企业"等，这些都是不得要领的。

企业使命是企业肩负的对社会和人类的一种使命，为了使企业能更好地服务于自身肩负的使命，企业使命必须具有前瞻性，不应该仅仅描述企业当前的产品或顾客细分。比如，马车公司如果定位它的使命为"为顾客提供品质一流的马车"，那么汽车出现后，该公司就会倒闭。设想如果该公司把它的使命定位为"为顾客提供方便快捷的交通工具"，那么在消费者对马车的需求下降后，它可以转为生产汽车，获得新的发展机会，更好地完成肩负的使命。因此，企业的使命定位不应该从产品出发，而应该从顾客需求出发，从长远考虑。因为产品是会变的，顾客需求也是会变的，这些都具有时间上的阶段性，但有一点是不会变的，即人类对更加美好、舒适生活的追求是不会变的。

企业使命是对其目标的一般性说明，可以认为是组织存在目的的一种表述。企业使命除了使用一句简洁精练的话语来表述外，还可以配合企业使命说明书来描述。企业使命说明书应包括的基本要素有活动领域、主要政策、远景和发展方向。企业使命的确定需要千锤百炼，一个好的企业使命，应该强调以下五个方面：

(1) 应该是富有想象的,并且可以持续很长的时间;
(2) 应该分清楚企业的主要目标,弄清楚企业为什么而存在;
(3) 应该清楚地描述企业的主要活动和希望获得的行业地位;
(4) 应该阐明企业的关键价值观;
(5) 应该是企业有愿望也有能力完成的企业使命。

第二节 企业目标

一、企业目标的含义

企业目标是指在企业总体战略框架下,为企业和职工所提供的具体方向,以及企业在一定时期内要达到的预期成果。企业目标都有时间界限,目标所规定的时间期限越短,目标内所含的具体内容数量便越少。

需要注意的是,在管理学文献中,目的和目标这两个术语有时是两个不同的概念,有时又几乎是同义词。从战略管理的角度来看,企业的目的是企业希望实现的一种广义的方向,具有最终的、长期的、无限的属性;企业的目标是在企业目的的总框架下,为企业提供具体的发展方向,规定完成时间。

(一)企业目标的层次

企业目标不但是一个企业的基本特征,还表明一个企业存在的意义。一般来讲,企业目标包含三个层次的目标:

第一层次,社会强加于企业的目标。如企业必须为社会提供所需要的优质产品和服务的目标,企业生产经营活动必须考虑可持续发展的目标,企业生产经营活动必须考虑商业道德和承担社会责任的目标等。

第二层次,企业整体的目标。它是指将企业作为一个利益共同体的目标,如企业提高经济效益的目标,企业增强自我改造和技术装备的目标,企业改善员工生活、保障员工安全的目标等。

第三层次,企业员工的目标。如提高员工的个人经济收入、培养员工工作兴趣等。

（二）企业目标的内容

企业目标的内容一般由四个部分组成：（1）目的，这是企业期望实现的标志。（2）衡量实现目的的指标。（3）企业应该实现的指标，或企业希望越过的障碍。（4）企业实现指标的时间表。从管理的角度讲，要使目标更为实用，企业应该尽可能周密慎重地选择每个组成部分，并且详尽地对其加以说明。例如，某企业为了排除通货膨胀的影响，更好地衡量自己的增长速度，采用不变价格作为衡量的标准，而不用现行价格。

二、企业目标体系

按企业目标所涉及的时间来划分，企业目标体系可分为以下三种：

（一）战略目标

战略目标是指通过加强企业战略管理活动，企业所要达到的关于市场竞争地位和管理绩效的目标，包括行业地位、总体规模、竞争能力、技术能力、市场份额、盈利增长率、投资回收率以及企业形象等。企业制定市场营销战略目标，是为了将企业战略具体化、数量化，使企业总体的努力方向变为各部门全体职工的行动准则。市场营销战略目标是选择市场营销战略方案的依据，市场营销战略方案是实现市场营销战略目标的手段。为了实现市场营销战略目标与市场营销战略方案的有机结合，企业制定市场营销战略目标必须遵循以下程序：

第一，结合环境预测和内部微观条件评估，分析市场营销战略态势，确定市场营销战略目标的期望值。第二，预测企业未来的绩效水平，并找出市场营销目标期望水平和未来预测水平之间的差距。第三，制定缩小差距的市场营销战略方案。第四，综合调整各项市场营销战略，并修改对企业未来绩效水平的预测。经过调整和修订，如果期望水平和预测水平之间的差距可以缩小，期望的目标水平就确定为市场营销战略目标。否则，企业就必须重新确定市场营销目标的期望值。

明确的市场营销战略目标有很多作用，包括指明方向、促进协同、帮助评价、明确重点、减少不确定性、减少冲突、激励员工，以及有助于资源配置和战略实施中的方案设计。

（二）长期目标

长期目标是指在一个相对较长的时期内，企业试图实现的预期生产经营目标，计划期一般为5年。长期目标是企业制定总体战略与经营单位战略的基本出发点。企业市场营销战略的长期目标包含以下一些要素：

1. 获利能力

任何企业在长期生产经营中，都在追求着一种满意的水平。实行市场营销战略管理的企业一般都有自己明确的利润目标。

2. 竞争地位

大多数企业喜欢根据其销售总量或市场占有率，来评价自己在增长和获利方面的能力。可以说，市场竞争的地位，是衡量企业绩效好坏的一个重要标准。行业领先者总想稳固其市场地位；行业追随者总想赶上或超过领先企业；行业内的落后者总想摆脱不利的市场竞争地位。

3. 员工发展

员工对企业的忠诚程度是增强企业竞争能力的重要影响因素。在企业市场营销战略的长期计划中，高层管理者应当尽可能地考虑员工的合理要求，积极采用以人为本的管理指导思想，全心全意依靠员工，鼓励员工参与企业决策，进而培育员工的主人翁意识。当员工感到自己在企业里受到重视或能够拥有良好的个人机会时，他们往往会极大地促进企业创新能力的增强。

4. 社会责任

现代意义上的企业必须认识到自己肩负的社会责任。这种社会责任是指企业追求有利于社会的长远目标的义务，而不仅仅是法律和经济意义上的义务。在社会责任层面上，市场营销战略的长期目标侧重于强调道德的、长期的、义务的责任，如烟草企业在市场营销中对吸烟有害健康的温馨提示等。

（三）年度目标

市场营销战略基本要素的年度目标是指以年度为单位的企业营销目标，是实现企业总体市场营销战略目标的一种必要手段。它与企业市场营销长期目标有着内在的联系，能够为监督和控制企业的绩效提供具体的衡量依据。企业可以从以下两个方面考察其年度目标：

1. 企业市场营销战略的年度目标与长期目标的联系

年度目标必须和企业总体市场营销战略的一个或多个长期目标有明确的联系。年度目标与长期目标之间存在着内在的传递与分解的关系，即年度目标将长期目标的信息传递到主要职能部门，并将长期目标分解为更具体的年度短期目标，以便让各职能部门明确任务，落实其应当承担的责任。

年度目标与长期目标的主要区别在于：长期目标一般要考虑未来五年或五年以上，而年度目标通常只考虑一年的情况。长期目标着重确定企业在未来竞争环境中的地位，而年度目标则着重确定企业各职能部门或其他下属单位下一年度要完成的具体任务。

长期目标内容广泛且大多抽象，年度目标内容比较具体。长期目标一般用相对数衡量，年度目标多用绝对数衡量。

2.企业市场营销战略的年度目标与总体目标的协调

有的企业职能部门在确定年度计划和目标时，往往会忽略企业的总体目标，而只注意本部门的利益，这可能会导致各职能部门在年度目标上各行其是，缺乏内在联系，容易造成内耗，从而损害企业的整体利益。

从总体上看，年度目标对于战略管理也是非常重要的。原因在于：它是配置资源的基础；是评价管理者绩效的主要尺度；是监测运作过程，使其向实现长期目标方向前进的工具；突出了公司、分部和职能部门的工作重点。

三、目标体系的制定

企业在制定市场营销战略目标体系的过程中，可以采用自上而下的目标制定方法，也可以采用自下而上的目标制定方法。不过，由于企业基层对整体的战略意图往往把握不足，自下而上的制定方法可能存在很多缺陷。

在制定市场营销战略目标体系时，企业还要考虑目标体系的质量。衡量目标体系的质量一般有以下标准：

（一）适合性

企业中的每一个市场营销战略目标都应该是实现其总体目标的一个具体步骤，必须服从于企业使命中规定的企业目的。违背企业使命的目标往往只会损害企业自身的利益。

（二）可衡量性

企业在制定市场营销战略长期目标时，必须明确、具体地规定目标的内容及实现目标的时间进度。目标制定得越具体，越能减少误解。

（三）合意性

企业所制定的市场营销战略目标要符合企业管理人员的期望和偏好，使他们乐于接受和完成。管理人员如果认为目标不合适或不公平，就会消极应付或拒绝实现这一目标。此外，有的市场营销战略长期目标还要使企业外部利益群体能够接受。

（四）易懂性

企业各个层次的战略管理人员都必须清楚地理解他们所要实现的目标，必须理解评价目标效益的主要标准。为此，企业在阐述市场营销战略长期目标时，要准确、详细，使其容易为人们所理解。

（五）激励性

企业市场营销战略的长期目标既不能高不可攀，也不能唾手可得，要有一定的挑战性，能够激励人们去完成。在实践中，不同的个人或群体对目标的挑战性可能有着不同的认识。因此，企业要针对不同群体情况提出不同的目标，以达到更好的激励效应。

（六）灵活性

当经营环境出现意外变化时，企业应能适时更改其市场营销战略目标。不过，企业调整市场营销战略目标，有时会产生一定的副作用，如影响员工的积极性等。为了避免或减少这种副作用，企业在调整目标时，最好只是改变目标实现的程度，而不改变目标的性质，以保证其可行性。

第三节　经营范围

一、经营范围的含义

经营范围是指企业生产经营的商品种类或服务项目的范围，即从事生产经营活动的领域。公司作为营利性的法人，必须要从事经营活动，但公司从事经营活动的范围是受约束的，即受依法登记的公司经营范围的约束。经营范围既反映企业目前与其外部环境相互作用的程度，又反映企业计划与外部环境发生作用的要求。企业应该根据自己所处的行业、自己的产品和市场来确定经营范围。只有产品与市场相结合，才能真正形成企业的经营业务。

（一）企业经营范围的确定

确定企业的经营范围，有利于明确企业的经营方向和服务对象。任何公司都必须在公司章程中对其经营范围作出规定和记载。根据《中华人民共和国公司法》的规定，我国公司的经营范围由公司章程规定，并依法登记。

企业确定经营范围的方式可以有多种形式。从产品角度来看，企业可以按照产品系列的特点来确定经营范围，如电力公司、钢铁公司等；企业还可以根据产品系列内含的技术来确定自己的经营范围，如自动化仪表公司、光导纤维公司等。从市场营销的角度来看，企业可以根据自己的市场来描述经营范围，这种描述可以有两个出发点：一个是企业的使命，另一个是企业的顾客。两者是截然不同的概念，从某种意义上讲，企业的使命是指企业如何满足市场上的顾客对现有产品的需求；而顾客是指产品的现实购买者。这两者的关系有时是一致的，即企业现有的产品可以满足顾客的需求；有时又是不一致的，顾客可能有多种需求，需要不同的销售渠道和不同的产品来满足。因此，企业在描述自己的经营范围时，就应该考虑从哪个角度出发，才能真正符合企业和社会的利益。

在一般情况下，企业使命与顾客需求是不相矛盾的。在多种经营的情况下，企业便不能只从某一行业的角度来定义自己的经营范围，需要多方位、多层次地研究自己的市场和顾客，更好地为市场营销战略的制定奠定基础。

（二）企业经营范围的法律效力

经营范围一经主管机关核准登记，便产生法律效力，《中华人民共和国公司法》规定，公司应当在登记的经营范围内从事经营活动。公司的经营范围一经登记，便产生法律效力，但经营范围并不是不可改变的。大多数国家的公司法都规定，只要履行必要的变更登记手续，公司的经营范围是可以变更的。按《中华人民共和国公司法》及有关法律的规定，公司依照法定程序修改公司章程并经公司登记机关变更登记，可以变更其经营范围。

二、范围经济的界定

（一）范围经济的定义

为了解释多产品生产企业的经济性，约翰·潘扎尔和罗伯特·威利格等提出了范围经济概念。范围经济意指关联产品的生产或经营可以节约某些共同的费用，它是研究经济组织的生产活动经营范围与经济效益关系的一个基本概念。

（二）范围经济的来源

范围经济的存在本质上是对企业现有剩余资源的利用和共享，存在一种协同效果，即两个事物有机地结合在一起，发挥出超过两个事物简单总和的联合效果。

从原材料的购置、投入，到生产、分销和零售，范围经济在生产经营的每一个过程中都有可能发生。范围经济包括基于有形资源的范围经济、基于无形资源的范围经济以及基于竞争者的范围经济。范围经济的存在为企业多元化经营提供了有力的依据。

（三）范围经济的表达

如果用数学公式表示，范围经济可以表示为：$C(Q_A, Q_B) < C(Q_A, 0) + C(0, Q_B)$。在这个式子里，左边是联合生产两种产品或两种劳务的总成本，右边是生产 A 产品企业的成本与生产 B 产品企业的成本之和。左边联合生产的成本水平低于右边分别生产的成本之和，说明范围经济的存在。

第四节　资源配置

一、资源配置的内涵

在西方经济学中资源配置是基于稀缺性资源引起的选择问题，即"生产什么""如何生产""为谁生产"的问题，这三个问题在经济学中被称为资源配置问题。微观经济所要解决的问题就是资源配置问题，就是要使资源配置达到最优化，即在这种资源配置下能给社会带来最大的经济福利。微观经济学从研究单个经济单位的最大化行为入手，说明价格如何使资源配置达到最优化，从而解决社会资源的最优配置问题。

市场营销战略要素所说的资源配置主要是指企业内资源的配置问题，是指企业过去和目前资源与技能组合的水平和模式。资源配置的优劣状况会极大地影响企业目标的实现程度，因此资源配置又被视为形成企业核心竞争力的基础。资源配置是企业实现生产经营活动的支撑点。把资源配置作为企业战略的构成要素是查尔斯·霍弗和丹·申德尔的观点，他们认为，资源配置不仅是战略中的重要方面，而且在确保企业获得成功上也比经营范围更为重要。霍弗曾于 1973 年对企业面临的战略挑战和应战的问题进行了研究。他发现，当企业面临重大的战略挑战时，大多数获得成功的企业会有三种不同的反应：第一，企业的经营范围和资源配置都发生了变化；第二，仅仅是企业的资源配置模式发生了变化；第三，仅仅是企业的经营范围发生了变化。而那些在重大战略挑战面前没有成功的企业，一般不会作出上述反应。这说明，当企业所面对的外部环境发生变化时，一般都要求对已有的资源配置模式加以或多或少地调整，以支持企业的战略行动。

二、资源配置效率与经济制度选择

建立特定的经济制度是实现资源配置目标的基本手段。一般来讲，不同的经济制度配置资源的手段与方式是不同的，资源配置的效率也各不相同。按照资源配置方式的不同，可以将历史上曾经出现过以及现存的经济制度划分为三个基本类型，即市场经济制度、计划经济制度、混合经济制度。

（一）市场经济制度

在自由放任的市场经济制度中，每个经济参与人以自主决策为基础，政府对经济活动的干预很少，资源配置主要由市场供求关系决定。在这种经济制度下，所有经济参与人都以追逐自身的利益最大化为目标进行选择。各种经济参与人在市场上相互作用的最终结果决定资源配置的方式与方法，社会依此规则解决其面临的基本经济问题。

自由放任的市场经济制度的基础是市场参与者的分散决策化，每个经济参与人都具有追逐个人利益最大化的基本动机。自由放任的市场经济通过价格涨落反映资源稀缺程度。

（二）计划经济制度

计划经济是以决策集中化为基础的，政府部门决定生产什么、生产多少以及为谁生产。政府部门为了实现特定的目标，根据社会需求以及现有的资源状况，决定生产计划，确定生产目标和生产方式并确定分配制度。政府部门的目标往往是社会的利益。为了实现这些目标，政府部门通常借助法律和行政手段，命令生产单位执行其生产计划。在计划经济体系中，政府部门依据人们的需要和社会生产能力进行决策，而对社会需要和生产能力的把握是否及时、准确成为这种决策是否有效的基本前提。价格在这里不再反映资源的稀缺程度。

（三）混合经济制度

完全的市场经济体系和完全的计划经济体系在现实中并不常见，现实中的资源配置制度通常在不同程度上掺杂着计划经济和市场经济的成分，当两种经济体制的混合达到一定程度时，就形成了第三种配置资源的经济制度——既有市场调节又有政府控制的混合经济制度。混合经济体系中的决策机制既具有分散化的特征又具有集中化的方面，市场机制是优化资源配置的主要调节手段，价格在这里成为资源稀缺程度的重要标志，而政府决策对保持经济平稳运行和协调发展的作用是不可或缺的。

三、资源配置经典模式

（一）市场模式

在交易成本为零的假定下，不需要有其他的制度选择，市场功能可以自行解决资源优化配置的问题（科斯第一定理：如果交易费用为零，不管产权最初是怎样界定，自由交易的结果会使社会总产值达到最大化）。这实际上也就是西方经济学中微观经济学理论的核心思想。

（二）企业模式

进入存在交易成本的现实世界后，由于市场功能的发挥受到交易成本的限制，就需要寻求最能节约交易成本的制度安排。企业作为一种经济形式，是对市场交易的一种替代方式。一方面，企业可以使一部分市场交易成本内在化，从而提高交易的效率，使企业规模扩大；另一方面，企业作为一种组织也需要花费成本，随着规模的扩大，组织成本也在上升，所以企业规模也不是越大越好。一种经济活动是通过市场交易进行，还是在企业内部进行，其决定性因素就是交易成本的大小。

（三）政府模式

对市场交易的另一种替代方式，就是政府的直接管制。因为企业在解决某些外部性问题时，成本也是非常高的，比如烟尘排放污染一类的问题，不可能在单个企业的范围内解决，所以政府直接管制就可能作为市场交易的替代物出现。

第五节　竞争优势

一、竞争优势的内涵

竞争优势的概念最早是由经济学家爱德华·张伯伦提出的，而后霍弗和申德尔将其引入战略管理领域。所谓企业竞争优势是指一个企业超越其竞争对手的能力，这种能力有助于实现企业的主要目标——盈利与市场占有率的提高。市场营销战略要素的竞争优势就是企业通过资源配置与经营范围的决定，在市场上所形成的与其他竞争对手不同的竞争地位。

竞争优势的研究涉及国际贸易理论、战略管理学、产业经济学、跨国投资理论等许多学科。历史上对竞争优势的研究沿两个方向进行，一个方向是由传统贸易理论经新贸易理论到跨国投资理论，另一个方向是由企业竞争优势经行业竞争优势到国家竞争优势。

管理学与经济学最本质的区别就在于：管理学的研究视角是以企业为核心，而经济学的研究视角是以市场为核心。以企业为核心，管理者侧重于从企业内部发掘企业的竞争优势（它并不排除企业战略管理者从企业之外寻求企业的竞争优势）；以市场为中心，管理者则侧重于从企业外部——市场发掘企业的竞争优势（但它也并不排除经济学家从企业内部寻求企业的竞争优势）。这种外部与内部竞争优势的发掘，可以用罗纳德·哈里·科斯的理论来加以解释。科斯认为，市场交易摩擦会产生交易费用，企业的作用就在于它能够节约市场交易费用，即在存在交易费用的情况下，企业产生于对价格机制的边际替代。企业的最佳边界就在企业内部交易成本与外部市场交易成本相等时的企业与市场的边界。当通过市场交易比企业内部生产更经济时，企业倾向于通过市场交易来获得产品、降低企业成本，从而获得竞争优势；反之，企业则通过内部生产去获得利润与竞争优势。

二、竞争优势来源理论

（一）古典竞争优势理论

早期的竞争优势理论可追溯至古典经济学中的贸易理论，以 18 世纪亚当·斯密的社会分工和绝对优势理论、19 世纪大卫·李嘉图的比较优势理论以及 20 世纪初伊·菲·赫克歇尔和贝蒂·俄林的资源禀赋理论为代表。

（二）产业分析理论

产业分析理论以哈佛商学院的迈克尔·波特为代表。波特的观点实质上是经典的产业组织范式"结构—行为—绩效（S-C-P）"。波特认为，决定企业盈利能力首要和根本的因素是产业的吸引力，产业吸引力由五种力量（现有竞争者、潜在进入者、供方、买方、替代品）决定。在产业结构稳定的前提下，企业的竞争优势取决于企业在产业中的相对地位。企业要获取有利的竞争位势，就要实施基于价值链的战略，主要是成本领先战略和差异化战略。

波特的产业分析开创了研究企业竞争优势的先河，其勾勒的五种竞争力量对于企业制定自身战略提供了极具操作性的指导。但波特的理论似乎过于强调企业竞争的外部环境——产业结构和市场力量，忽略了企业的特质，仍是将企业作为一个"黑箱"处理。这常常诱使企业进入一些利润较高但缺乏营运经验或者是与主业不相关的产业，导致企业战略上的盲目多元化。直观地说，波特的理论不能解释为什么同样处于有吸引力的产业，有的企业盈利而有的企业却亏损甚至破产。

（三）核心能力理论

也许是为了弥补第二类理论的不足，第三类理论则强调竞争优势来源于企业内在的能力，主要包括三种观点：核心能力理论、行为决策理论和新制度主义理论。其中最具影响力的当属核心能力理论。核心能力理论出现于哥印拜陀·克利修那·普拉哈拉德和加里·哈默尔在《哈佛商业评论》上发表的经典论文《公司核心能力》。核心能力理论认为企业的竞争优势来源于企业所拥有的核心能力。那么，核心能力又来源于何处呢？围绕这一问题，核心能力理论又可分为三个派别：基于技术观的核心能力理论、基于资源观的核心能力理论，以及基于知识观的核心能力理论。

不可否认，核心能力理论较之产业分析理论对企业竞争优势的揭示更深入了一层，从产业层面深入企业内部，打开了企业的"黑箱"，有力地解释了企业之间竞争力的差异。但是，核心能力理论在否定产业分析理论的同时，又从一个极端走到了另一个极端。显然，忽略企业所处的产业环境是没有道理的。在复杂多变的市场环境中，企业如果只注重培养自己的能力，而没有遵循产业发展的内在规律，或者是不恰当地进入了一个正在衰退的产业，那么这样的企业同样不会有竞争优势。此外，由于企业之间在产业环境、自身力量等方面常常相差悬殊，它们在技术、资源和知识上的实力很可能不具有比拟性。例如，对于一个从事国际贸易的企业来说，不太可能依靠核心技术来培养自己的竞争优势，而一个小型加工厂也不太可能凭借所谓的"资源"或者"知识"傲视业界群雄。

第六节 协同作用

一、协同作用的内涵

在生物医药领域,两种药物并用时疗效相当于两药总和或大于各药单用双倍剂量的,称为协同作用。反之,两种药物并用时疗效小于各药单用的,称为拮抗作用。

在管理领域中,所谓协同作用是指系统在开放的条件下,系统内各子系统间以及系统与环境间产生的协调、同步、默契的非线性作用。协同作用是系统本身固有的自组织能力。协同学认为,无论是原子、分子、植物、动物,还是人类社会等各种系统,都具有协同作用。协同作用是企业从资源配置和经营范围的决策中所能发现的各种共同努力的效果,即分力整体大于各力简单相加之和。在市场营销战略中,企业总体资源的收益要大于各部分资源收益之和,即 $1+1>2$ 的效果。

二、协同作用的分类

一般来说,企业的协同作用可以分为以下四类:

(一)投资协同

投资协同作用产生于企业内各经营单位联合利用企业的设备、共同的原材料储备、共同研究开发的新产品,以及分享企业专用的工具和专有的技术。

(二)生产协同

生产协同作用产生于充分地利用已有的人员和设备,共享由经验曲线造成的优势等。这里的经验曲线,是指当某一产品的累积生产量增加时,产品的单位成本趋于下降的趋势。

(三)销售协同

销售协同作用产生于企业使用共同的销售渠道、销售机构和推销手段来实现产品销售活动。老产品能为走进市场的新产品引路,新产品又能为老产品开拓市场;老产品能为新产品提供示范,新产品又能为老产品扩大范围,这样企业便可以减少费用，获得较大的收益。

这三种协同作用实际上是发生在生产经营活动过程的三个阶段上的，说明企业在每个阶段上都可以形成自己的协同作用。

（四）管理协同

管理协同作用不能用简单的定量公式明确地表示出来，但它却是一种相当重要的协同作用。当企业的经营领域扩大到新的行业时，如果在管理上遇到过去曾处理过的类似问题，企业管理人员就可以利用在原行业中积累起来的管理经验，有效地解决这些问题。这种不同的经营单位可以分享以往的管理经验的做法就是管理协同，这是一种无形的力量。

一般来说，衡量企业协同作用的方法有以下两种：一是在企业收入既定的条件下，评价因企业内部各经营单位联合经营而导致的企业成本下降；二是在企业投资既定的情况下，评价因企业内部经营单位联合经营而导致的企业纯收入的增加。

第三章 市场营销战略体系分析

第一节 深度分析市场机会

随着时代的飞速发展,我国经济已进入了新的发展领域,企业市场营销战略也迎来了前所未有的发展机遇。在新经济背景下,我国市场经济发展趋于平稳,企业在市场发展大环境中拥有非常多的发展机会。

一、市场趋势分析

市场发展的大趋势能够反映未来产品的发展倾向,企业本身的市场营销战略要与之相符,并进行及时有效的调整。所以,在分析市场营销战略体系时,考察企业对市场趋势的分析是否科学合理显然是一项重要的工作。

(一)产品外观、材料分析

在不同的时代背景下,公众在产品的外观和材料方面都会有不同的倾向,所以从产品的角度讲,产品的外观和材料都有明显的时代性特征。企业只有对其有准确认知,并做到牢牢把握,才能在市场趋势方面做出正确分析。

具体而言,在未进入信息时代之前,人们对产品的外观并没有特殊要求,因为人们没有更多的渠道去了解时代发展的潮流,所以产品只要具备较强的实用性即可。人们在外观上很少做出"好看"或者"不好看"的界定,在材料上很少关注是否是新材料。而随着信息化时代的到来,这一局面无疑发生了颠覆性的转变,人们对外观的"美"与"丑",有了普遍认可的界定标准,在材料方面也对各种新材料有了认知。所以,外形美观和全面使用新材料成为公众在产品方面普遍关注的重点。

（二）产品功能性分析

从产品的市场需求层面来看，随着时代发展步伐的不断加快，人们对产品功能性方面的要求正在不断提升。产品的功能也从单一化逐渐上升到了多样化，并且又从多样化逐渐又上升到了人性化。企业只有做到将这一趋势加以准确认知并牢牢把握，才能确保市场营销战略处于不败之地。

在信息化水平相对较低的时代，人们在选择产品的过程中，只注重某一产品能否解决某一问题，单一的产品功能也能够全面满足市场的需求。随着时代发展步伐的不断加快，新技术的应用让产品的功能逐渐增加，使多重功能可以兼容到某一产品之中，进而使此类产品受到市场的高度青睐。产品本身的功能体现了多样化的特征。随着时代的飞速发展，产品自身功能的多样性特点开始无法满足市场的需求，人们开始关注产品功能本身是否人性化，即能否通过简单便捷的操作解决更多的实际问题，能够具备这一优势的产品自然更加受到市场的青睐，反之则不然。基于此，产品功能的"多样化"和"人性化"两个特点显然是市场发展的主流趋势。

二、市场格局分析

从市场营销战略体系的整体架构来看，市场机会分析是最基本的组成部分，而市场趋势分析是其中最基本的内容，但绝不是唯一的内容，企业还要主动对其他内容进行深入的分析与探索，由此才能确保其对市场机会的分析更加全面。其中，市场格局分析就是极为重要的一项内容。

（一）多功能性产品成为市场主打

从市场发展角度出发，市场现有的各类产品的普遍特点是功能强大，从多个角度满足消费市场的不同需求，进而最大限度地抢占并扩大产品的目标市场，使企业的产品利益实现最大化。

具体表现为两个方面：第一，实用功能作为主体。从各个时代产品设计、研发、生产的基本出发点来看，帮助受众解决实际问题始终是第一出发点，所以在功能设计方面，企业要将实用功能放在首位，让人们感受到产品并不是华而不实的，进而拓宽市场、增加销量。使用功能是产品本身必须具备的基本品质，这也是企业抢占目标市场最根本的条件。第二，休闲娱乐功能作为重要补充。在当今时代，人们的物质需求已经得到了满足，在精神生活方面也普遍有了更多的向往，因此人们更加希望从各个角度能够得到精神层面的放松。基于此，在产品设计与研发过程中，设计者考虑到人们精神层面的具体需求，会或多或少增加一些娱乐身心的元素，产品的休闲娱乐功能就此出现，并且深受目标市场的追捧，最终形成了多功能性产品成为市场主打的市格局。

(二)智能化产品占据市场份额较大

就当前各类产品目标市场的产品需求情况来看,不同价格定位的产品都会或多或少涉及智能元素,突出产品自身的亮点,以求引起目标市场各类消费人群的高度关注,最终在目标市场中占据有利位置,进而形成具有时代特色的市场格局。

第一,智能化能够彰显产品人性化服务的理念。智能化最突出的特征就是想他人之想,并提供具有智慧的解决方案,方便人们进行各项实践活动。对此,智能化终端设备层出不穷,并且逐渐涵盖各个领域中的各个价位的产品,其目的是让更多的消费者感受到产品本身所特有的人性化和智能化服务理念,使产品能够迎合时代发展大趋势、适应产品发展大环境、应对时代大环境不断提出的新挑战。

第二,智能化元素赋予产品新的"灵魂"。智能化产品特征的出现具有划时代意义,具体表征在于颠覆了人们关于产品的固有认知,让人们意识到产品不再是传统意义上的产品,其可以与人们的生活、工作紧密相连。因此,产品本身的目标市场得到了拓展,甚至会存在供不应求的情况。这是智能化产品占据市场份额较大的基本原因,也呈现了当今时代发展大背景下产品设计与研发普遍关注的主要方向,更为市场营销战略的调整与优化提供了有力依据。

三、市场机遇分析

人们常说"机遇与挑战并存",时代会为每位成功者提供前所未有的发展机遇,同时每位成功者走向成功自然也要接受时代提出的严峻挑战。其中,针对企业市场营销而言,正确分析并有效把握市场机遇显然是企业面对的严峻挑战,在任何时代背景下都是如此。笔者认为有效进行市场机遇的分析应从以下两个方面入手:

(一)简单便捷操作和富有特殊意义成为产品设计普遍关注的焦点

结合不同时代的发展背景,从市场营销战略中企业对市场机遇的把握可以看出,"抢占先机"永远都是企业进行产品设计、研发、生产、推广的最终目标,但在不同时代发展背景下社会对产品的需求都有一个明显的侧重点,即产品在使用时必须具备简单便捷的特点,以便迅速解决实际问题。

产品的价值不仅仅在于其使用功能,还在于它所具有的"艺术"和"收藏"价值。这样的产品被视为值得拥有的珍贵物品,能够吸引公众的注意力。时代通常会为这样的产品提供巨大的发展机遇。如果企业能够充分利用这些机遇,就能确保其市场营销战略的意义和价值得到最终实现。

（二）人工智能成为社会总体需求

人工智能产品之所以广受社会欢迎，最根本的原因就是产品本身的科技含量较高，能够给目标市场消费群体带来截然不同的产品体验，能够帮助人们感受智慧化的工作气息和生活气息。因此，人工智能成为社会总体需求。在人工智能技术趋于成熟的阶段，众多企业将其作为产品设计、研发、推广的主要视角，不仅抓住了时代所赋予的新机遇，还把握住了市场前所未有的发展机遇。

但不可否认的是，伴随时代车轮不停地转动，诸多新科技应运而生，人工智能技术也走向成熟，服务于人们日常的生产生活。但市场机遇并非企业想要把握就能把握得住，因为市场机遇稍纵即逝，产品目标市场随时会被其他企业率先占领。如果企业能够结合时代发展大环境，精准分析市场发展大趋势，并且通过多种渠道进行品牌推广，同时将产品策略不断进行更新，就能确保在准确的时间节点上，以最快的速度把握住稍纵即逝的市场机遇，增加市场营销战略的可持续化程度。

在市场营销战略体系的系统化分析过程中，针对市场机会的分析要做到全视角和深层次，才能确保企业在时代发展的浪潮中，准确找到最佳的品牌和产品推广机会，进而正确选择目标市场并占据最有利的市场位置，迎来最理想的市场发展前景，最终为市场营销战略体系实现理想化的运行打下坚实基础。

第二节　准确选择目标市场

目标市场的选择，是指估计每个细分市场的吸引力程度，并选择进入一个或多个细分市场。

一、市场细分

市场细分被广泛地认为是市场营销的重要基础，当前社会营销观逐渐兴起，互联网和移动互联网蓬勃发展，市场细分的新发展值得人们更多地关注。市场营销领域一般认为市场营销战略（STP）与市场营销组合（4Ps）是市场营销的核心，而其中的市场细分正是市场营销战略的第一步。市场细分的作用，主要是使企业能够及时发现、充分利用市场机会，科学地确定目标市场，有效地运用产品、定价、促销渠道等策略，避免企业资源的浪费，以获得最大的经济效益和增强竞争能力。

（一）国内外市场细分研究综述

1.国内学者对市场细分的研究

在市场细分的概念方面，齐佳音等认为市场细分是企业在明确的战略业务模式和特定的市场中根据客户的属性、行为、需求、偏好以及价值等因素对客户进行分类，并提供针对的产品、服务和市场营销模式的过程。甘碧群认为市场细分的产生存在着客观的基础，一是市场的异质性，二是市场竞争中企业资源的有限性，企业只能将有限的资源投入有限的市场才能取得成功。在市场细分变量的研究方面，国内也进行了有益的探讨，包括生活方式、价值观、情境、利益等。我国学者符国群认为，生活方式是个体在成长过程中，在与社会诸因素交互作用下表现出来的活动、兴趣和态度的模式。吴垠提出了中国消费者分群范式（China-Vals），但在营销实践方面没有更具体的操作方法。卢泰宏等认为生活形态又称生活方式，它对应选择某种消费模式，包括消费观念、如何使用时间和金钱等。

陈静宇构建了一个新的细分模型。他认为，主流的市场细分是围绕客户需求的差异性展开的，将满足客户需求视为第一位，但是利润或价值是企业市场细分最基本的驱动因素。他认为新的价值—特征—行为的三维市场细分模型（见图3-1）不仅可以满足企业制定与实施市场营销战略的需求，而且可以保证企业的收益。

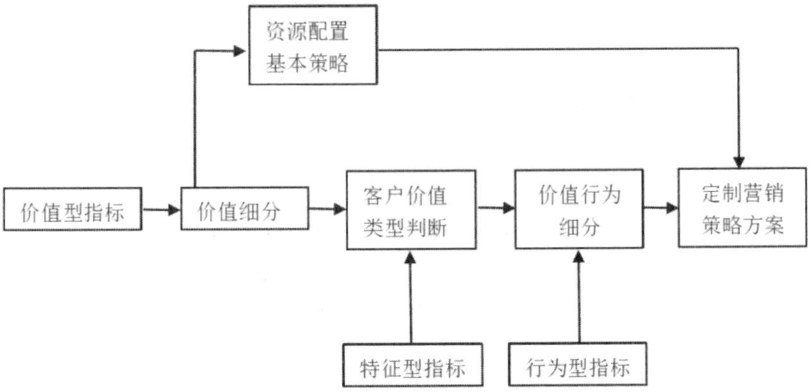

图 3-1 价值—特征—行为市场细分模型

卢泰宏在《中国消费者行为报告》一书中做了大量的实证研究，其中的"中国 E 世代消费生活形态实证研究"将消费者分为五种类型：孤寂努力型、开心刺激型、得过且过型、网络生存型、传统菜鸟型。苏胜强等在基于价值观的基础上对消费者细分进行了研究，通过因子分析、聚类分析、广义对应分析等方法，将消费者分为自信进取型、时尚享乐型和传统保守型，并对每一个细分市场从消费者所在城市及其文化程度两个方面做了分析。周建明认为，现在的细分模型缺乏将产品与消费者的两个视角结合分析。他提出了一个适合应用和研究的崭新的细分模型（见图3-2）。一方面，利益主体是产品、服务或者行为。服务经济的兴起，使得除了有形的产品以外，无形的服务与行为也能给客户带来利益。另一方面，"机会利益"也是利益存在差异的一个原因，而这种"机会利益"是由产品、服务或行为的固有独特属性而决定的。"机会利益"就是客户选择了某项产品、服务或行为而放弃选择其他产品、服务或行为而获得的唯一性利益。随着关系营销的兴起，一种从顾客获得的关系利益这一角度进行的研究也受到了越来越多的关注。

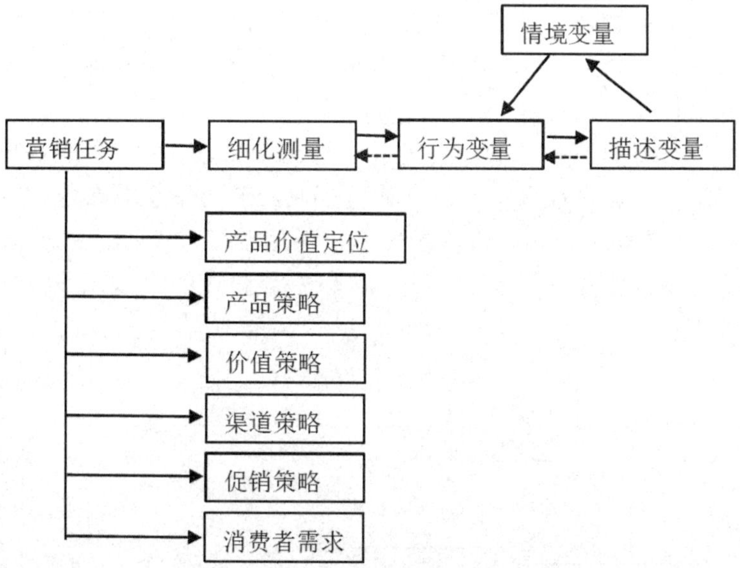

图 3-2　营销任务细分模型

　　纵观市场细分的发展可以看出，从分析消费者外部特征再到深入研究消费者心理及具体的行为变量，都显示了市场细分研究在不断地深入。但市场细分的研究仍存在以下问题：一是注重消费者需求在同一水平上的差异性，但未注重从需求的层次的角度来考虑。二是关注消费者当前的需求，不重视消费者需求的发展情况。三是识别了消费者的功能利益需求、享乐需求、情感需求，而忽视消费者同样也具备道德需求。四是把市场细分更多地看作企业谋利的手段，而未考虑它与社会文化、人类文明的关系。从研究的方法上来说，市场细分普遍采用元素细分法，先是研究消费者的各种单独的特征，然后将各种特征聚合，对消费者进行分类，这显然缺少系统的观点。对消

（一）营销人员的培训

市场营销人员是市场的开拓者，是企业利润的直接实现者，其工作态度、专业知识和职业素养在很大程度上直接决定了企业的利润水平及市场竞争力。对营销人员进行心态、营销理念、销售方法与技巧、产品知识等方面的培训，有助于营销人员以更加积极的心态适应市场变化，沉着应对市场挑战，发掘市场潜在客户，从而促进企业营销业绩的提升。

（二）营销方案的制定

营销方案的制定是市场营销策略的重要组成部分之一，方案的理想程度直接关乎市场营销活动的实践效果。

第一，要充分考虑营销的基本路径。从时代发展角度出发，市场营销方案要随大环境的变化而变化，做到高效利用时代资源，不断颠覆市场营销的固有认知，不断拓展市场营销的基本路径，由此才能确保市场营销方案的实施效果更加趋于理想化。

第二，要具体规划营销方案的实施过程。市场营销方案要围绕市场营销的具体实施策略，明确需要的支持条件，并且确定与之相关的市场营销手段，确保每项措施都能顺利进行，使企业的品牌和产品推广效果始终保持理想的状态。

（三）营销方案的实施

第一，产品与价格方面的实施策略。价格战是企业在目标市场试图获得最大化发展空间的普遍选择。针对市场营销领域而言，价格战必须要在产品质量得到保证的前提下进行，在最大限度地降低产品价格的同时，更要保证产品质量不降反增，由此才能让市场营销战略实施效果趋于理想化。

第二，销售渠道与广告宣传方面的实施策略。企业应做到"与时代同呼吸"，深入挖掘市场营销渠道。其中，线下营销渠道显然必不可少，主要以商场、超市、门店促销活动为主。与此同时，企业还要通过品牌官方网站，定期发布促销信息，并接受产品预订，确保线上销售渠道能够得到全面开放。在品牌宣传方面，企业要采用线上和线下相结合的形式，在销售渠道全面落实过程中，大力宣传品牌与产品广告，由此让市场营销方案的作用最大限度地发挥出来。

第五节　高标准的产品生产

高标准的产品生产，是企业市场营销战略体系中不可缺少的一项重要支撑条件，能够直接影响企业市场营销战略的成果。为此，在不同时代背景下，企业市场营销战略体系的构建必须将高标准的产品生产作为重点关注对象。

一、明确"三高"目标

在产品生产过程中，"三高"是必须坚定的目标，即高效、高标、高质，是企业将产品推向目标市场，并得到目标市场一致好评的必要条件，更是企业品牌必须具备的基本素质，所以"三高"产品成为企业市场营销战略真正赢得目标市场必不可少的优势条件。在产品生产过程中真正将"三高"目标转化为现实需要的前期准备工作具体如下：

（一）明确产品"三高"的内涵

产品生产的"三高"目标的实现是企业将产品推向目标市场，并确保品牌能够得到目标市场高度认可的有力保证。

所谓高效，其实质就是高效能和高效率。在企业产品生产过程中，高效主要表现在用更短的时间生产更多高质量的产品。所谓高标，就是指高标准。在企业产品生产过程中，评定产品质量和生产速度的标准要更高，以满足目标市场现实需求和未来需要为主要标准。所谓高质，其实质就是高质量。在产品生产过程中，产品生产速度和成果达到高标准，就是产品高质量的具体表现。

（二）找准"三高"产品生产的侧重点

从产品生产的"三高"目标的具体内涵来看，将每项转化为现实都并非易事，需要在产品生产过程中抓住关键要素，才能保证产品生产过程始终保持高效率、高标准、高质量。这些关键要素显然是"三高"产品生产的侧重点。

确保产品生产高效率要强调产品生产路径的科学化，使产品生产的各个环节能够用最直接的方式连接，从而缩短产品生产的时间。与此同时，产品生产还要满足产品自身的质量要求，这是产品生产实现高效率必须具备的条件。确保产品生产高标准要始终将满足目标市场的普遍需求作为产品生产的根本出发点，强调产品在功能性、实用性、美观性、价值性的科学融合，确保产品本身能够更好地服务目标市场的广大消费者。确保产品生产高质量要在生产技术的应用、生产材料的选择、生产工艺的细化等方面做到严格要求。

二、确定产品原则布置

产品原则布置是全面提高产品生产效率的重要保证，更是有效提高产品与服务标准的重要推手。故此，在企业市场营销战略构建过程中，高标准的产品生产必须要将产品原则布置作为重点关注对象。

（一）产品原则布置的定义

产品原则布置主要是指在进行高标准产品生产和高标准服务过程中，有效设置各个产品自身的工艺设计和加工的工艺流程，进而实现高质量、高标准、高效率的生产。在此过程中，相似的产品或服务数量不能过多，通常保持在一项或几项即可。另外，由于每种产品或服务的加工工序具有相同特征，因此在物料和设备的运输方面都要具有固定的布局。针对我国制造业而言，产品原则布置主要体现在生产线或者装配线上，具有较高连续性的生产线和装配线通常被称为流水线；针对服务业而言，产品原则布置并没有过多涉及，因为消费人群之间的需求具有较大的差异性。

（二）产品原则布置的优势

第一，产量高。众所周知，流水线作业是生产制造业一贯采用的产品生产路径，特别是规模较大的生产企业，普遍采用流水线作业的模式进行产品加工，从而提高企业自身的产能。这也充分说明了产品原则布置在高质量产品生产过程中，具有产量高的优势，能最大限度地满足目标市场的切实需求。

第二，产品生产的费用能够得到有效控制。众所周知，产品生产的各个环节以最快的速度形成对接，必然会降低产品生产的成本，从而避免资源浪费现象。由此可见，在产品生产过程中，既要保证产品生产的效率和质量，也要确保产品本身的成本得到科学控制，所以这也是产品原则布置在高标准产品生产过程中的优势所在。

第三，人机利用效率极高。通过实验对比的方式可以看出，总装线、装配线、流水线的运作流程显然增加了设备使用的频率，同时每条总装线、装配线、流水线只需要一个或几个操作人员就能进行整条线路的控制，这在极大程度上提高了人员和设备的利用效率。

第四，生产工艺线路的整体布局会保持高度的程序化。毋庸置疑的是，任何工作流程实现程序化都会全面提高工作质量和工作速度，这也正是高效率工作的直接体现。

在产品原则布置过程中，每条生产线的布局都以最快速度衔接为根本出发点，进而形成一条完整的生产线，这显然能够促进生产工艺的程序化。

三、严把设计、研发、生产质量关

从产品生产的角度来看，产品设计与研发阶段发挥的作用至关重要，是高标准产品生产的重要前提。

（一）严把产品设计关

从企业市场营销战略角度出发，产品设计无疑是企业市场营销战略决策的重要前提，原因是设计水平的高低直接影响后续的产品研发、产品生产、产品销售、品牌推广等多个环节，进而产品市场营销战略的整体运行都会受到相应影响。在这里，严把企业产品设计关既成为高标准产品生产的首要环节，也是市场营销战略体系构建中不可缺少的一部分。

其中，企业应充分认识到设计定型工作的重要意义，将产品设计质量进行综合性分析与评定，并且通过实验的方式对产品设计质量进行校验，通过图形和文字相结合的方式说明产品设计本身的可行性和能否实现预期目标。如果产品设计质量经过综合分析与评定达到相关标准，则转交至产品研发部门，让设计方案向成品转化。如果设计质量未能达到预期标准，那么则要有针对性地对方案进行优化与调整，在设计方案达到预期标准后，再转交至产品研发部门。

（二）严把产品研发关

产品研发阶段在高标准产品生产过程中，发挥着承上启下的作用，所以在企业市场营销战略体系中，也占据着至关重要的位置。严把产品研发关不仅是企业生产高标准产品必不可少的因素，还是市场营销战略体系高质量运行必不可少的条件之一。严把产品研发关应注意以下两个方面的问题：

第一，高度重视产品研发思想的前沿性。产品设计方案最终体现的是一种设计理念，设计理念在产品中的完美呈现必须有高质量的研发过程作为支撑。研发思想的前沿性显然是设计理念完美呈现的重要保证。高度重视产品研发思想的前沿性显然是严把产品研发关的重中之重，也是企业市场营销战略层次提升的有力推手。

第二，既要严格把控产品关键部分研发成果的质量，又要明确产品研发思想的前沿性只是全面提高企业产品研发质量的基础，研发成果质量的全面提升才是该阶段的重中之重。在此期间，企业既要考虑便捷支持服务的研发，又要考虑产品功能性技术升级方案的研发，还要考虑研发成果向现实转化的可能性，以此为实现"三高"目标提供强有力的保证。

（三）严把产品生产关

产品生产与产品质量之间的关系不言自明，有着"前者决定后者"和"后者是前者的客观反映"两个最基本的关系。企业产品设计和产品研发的最终目的是将高质量的产品全面推向目标市场，并且确保目标市场能够得到充足的产品供应。对此，严把企业产品生产关就成为企业市场营销战略体系中又一重要组成部分，也是企业市场营销战略体系高效运行的重要抓手。

具体操作包括两个方面：第一，要将质量作为衡量产品生产过程的重要标准。产品质量体现产品生产过程中的技术运用、材料选择、工艺运用是否科学合理，所以在高标准的产品生产过程中，必须将产品质量作为重要的衡量标准，其中生产技术的先进性、材料选择的科学性、生产工艺的精细化显然都是最基本的衡量标准。第二，生产速度是衡量产品生产过程的又一重要指标。生产速度和生产质量是构成生产效率的两项因素，高效率生产自然是在更短的时间内生产出更多高质量产品，而这也正是评定产品生产过程是否达到高标准的主要原因之一，更是助力企业市场营销战略高品质发展的关键条件所在。

高标准的产品生产是一项极为系统的工程，更是企业市场营销战略体系的核心组成部分，还是企业将品牌和产品全面推向目标市场，并且实现目标市场最大化拓展的重要保证。

第六节　严格的营销管理与售后

在企业市场营销战略体系的构建中，严格的营销管理与售后服务也是企业市场营销战略体系的重要组成部分。

一、明确市场营销管理在企业经营中的地位

"管理"作为高效率完成某项工作的重要保证，在各个领域普遍得到了高度重视。在企业市场营销战略体系构建过程中，确保多方能够保持高度协同的状态更需要有严格的市场营销管理作为支撑。所以，在企业市场营销战略体系的构建与运行中，必须

把市场营销管理放在战略性位置。

（一）市场营销方案分析、设计、实施、控制的具体过程

企业市场营销管理工作主要是对市场营销方案的可行性，以及实施过程所获得的结果进行客观分析，从中找出可进行优化与改革的设计方案，然后对其有效性进行验证，最后将具体实施策略进行有效的控制。这显然是企业市场营销战略体系运行过程中必不可少的环节，同时也是企业在市场发展浪潮中，始终处于可持续发展和又好又快发展状态的重要保证。

（二）企业实现经营目标的重要保障

经营一家企业远远比有效落实一项系统工程的难度要大，因为需要顾及的因素众多，同时要确保各方面因素能够得到有效协调，进而实现企业经营目标。企业市场营销战略体系的运行过程就是要确保企业实现经营目标。市场营销管理是有效进行全面协调，并保障其实现经营目标的主体所在。

二、重视售后服务在市场营销体系中的地位

确立并坚持"销售只是市场营销体系重要组成部分而不是全部"的思想。从市场营销体系的完整性出发，销售显然是至关重要的组成部分，是企业通过产品获得利润的主要途径。但市场营销体系中的"营"是指企业经营之道，所以销售只是其中一个重要环节，而并非市场营销体系的全部。其中，售后服务就是市场营销战略体系中不可缺少的一部分。

（一）售后服务在企业市场营销体系的作用

人们常常认为企业市场营销就是以销售为主，但实则不然，销售只是市场营销战略的重要组成部分，但绝不是其唯一，售后服务也是其重要组成部分，并且在市场营销战略实施过程中起着重要的保障作用。具体而言，主要体现在以下两个方面：第一，售后服务体现品牌的人性化理念。在目标市场中，企业向消费人群推送的是产品，但消费人群最终获得的不仅是产品本身，还包括贴心的售后服务。消费群体往往并不认为这种服务是产品本身所提供的，而是将其归为企业所推出的品牌，是品牌人性化理念的具体表达。第二，售后服务体现企业负责任的营销态度。从企业层面讲，目标市场消费群体最直接了解企业的方式往往通过产品来实现，产品本身的品质通常只能给消费群体留下第一印象，而最深刻的印象是在售后阶段的服务。无微不至的服务更能

让消费群体感受到企业的营销态度，更有助于加深消费群体对企业的良好印象。

（二）售后服务是提高企业市场营销水平的有力保障

在市场营销战略中，"售后服务"的阶段体现于"售后"二字，主要的工作在于"服务"。"为谁服务"和"怎样服务"是售后服务关注的两大焦点话题，无论是市场营销学的研究领域，还是企业市场营销的实践领域都在不断地对这两个话题进行深入的探索。这也充分说明了在市场营销战略体系构建与实施过程中，"售后服务"是全面提高企业市场营销水平的保障性条件。

第一，售后服务的内容更加细致入微。从时代发展角度出发，售后服务越来越成为企业突出产品特色的重要出发点，让"服务打动消费者"的营销理念得以深层体现，并且售后服务的内容正在走向极致化，切实让服务成为产品质量的附加品。

第二，售后服务的渠道更加多样、便捷。从售后服务的渠道方面来说，企业普遍保持着与时俱进的姿态，强调新资源、新平台、新路径的高效运用，让便捷化和多样化的售后服务途径贯穿其中，在彰显售后服务人性化特点的同时，也让企业市场营销的整体水平得以不断提升。

第四章　市场营销战略的实施、评估、控制与审计

第一节　市场营销战略的实施和评估

一、市场营销战略的实施

企业制定好市场营销战略后,需要将战略转化为具体的行动。企业市场营销战略的实施是一个通过提出具体实施措施、编制经费预算、建立运作程序,将战略方案转化为实际行动并取得成果的过程。在市场营销战略的实施过程中,一个关键的问题是组织上下如何就战略方向及其实施达成共识,把组织的整体战略目标、职能部门目标与个人目标有效地统一起来。一般来说,市场营销战略实施需要考虑的主要问题包括以下六个方面:

(一)确定市场营销战略的实施主体

市场营销战略的实施者涉及企业各个层级的人,大到一个集团的总裁,小到一个职能部门的一线员工,都以某种方式参与到市场营销总体战略、经营单位战略与职能战略的实施过程中。一般来说,战略的制定者并不一定了解企业一线的运作情况,他们只是基于对公司的内外部环境的认识,寻找相关的理由证明他们提出的战略方案是合适的。但是,战略的实施者往往是另一个群体。组织中的大多数人对市场营销战略的成功实施都非常关键,但与市场营销总体战略、经营单位战略的制定却可能毫无关系,因此他们可能对战略形成过程所运用的众多依据一无所知。除非将使命、目标、经营范围与工作任务的变化及其重要性清晰地传递给具体负责市场营销战略实施的各位负责人,否则战略就难以实施,甚至可能出现,负责市场营销战略实施的一线员工不具备实施市场营销战略的能力,或者基层的负责者过于依赖原先的工作流程,而希望通过拖延策略让高层放弃新战略的情况。因此,市场营销战略实施的首要问题是要明晰"谁来做"以及激发他们实施现行战略的积极性与主动性。

（二）进行必要的组织变革

作为实现战略目标而进行各种分工和协调的系统，组织结构可以平衡组织专业化与整合两个方面的要求，运用集权与分权的手段对战略经营活动进行组织和控制。为了实施既定的战略，组织结构需要作出变革，即要对现行组织进行相应的设计和调整，以实现组织结构与战略的相互匹配。市场营销战略的实施究竟应该采取何种组织结构，关键取决于企业的具体条件和战略的类型等要素，需要以权变、动态的观点看待战略与组织的匹配问题。

在组织结构与战略的关系上，存在战略前导性与结构滞后性的矛盾。战略前导性是指企业战略的变化快于组织结构的变化，结构滞后性则是指组织结构的变化常常慢于战略的变化。这主要是因为原有结构的惯性以及管理人员的抵制。因此，要使组织适应战略，就必须打破这一体系惯性，并通过培训与激励相结合的方式，让管理人员改变观念并推行新的组织结构。

（三）构建匹配型企业文化

在战略管理中，优秀的文化可以突出市场营销特色，促使员工形成共同信念，统一员工的行为，促进企业战略的有效实施。但是企业文化并不总是适应企业战略的，企业文化具有刚性与连续性，往往很难针对新制定的战略作出及时变革。

分析战略与文化之间的匹配情况有两种比较有效的方法：一种侧重于分析战略与外部环境对组织文化的影响；另一种强调市场营销战略实施过程中，组织与制度要素的变化与原有企业文化的协调程度。这两种方法对企业构建与新战略相适应的战略构架，都具有指导意义。

（四）优化人力资源配置

资源，尤其是稀缺资源，在不同的业务范围和职能领域如何进行分配是市场营销战略实施的一个关键问题。在任何组织内，人才都是最稀缺的资源。因此，企业必须用发展的眼光来确定如何分配人力资源，并详细评估人才的使用结果。

（五）理顺市场营销战略实施制度

市场营销战略的实施还必须以企业的制度保证为基础。一方面，也许所有员工都知道战略的重要性，但不知道如何去运作，这就需要具体的实施步骤和操作程序指导员工如何去做；另一个方面，并不是所有员工都具有实施现行战略的主观能动性，从企业的角度看，必须通过制度优化来保证员工的积极性与战略的有效实施。

（六）构建协同的各层次战略

市场营销战略分为三个层次，即总体战略、经营单位战略与职能战略。总体战略是市场营销中最高层次的战略，经营单位战略是战略业务单元、事业部或子公司的战略，职能战略是企业内各主要职能的战略。这三个层面战略的侧重点是不同的，拥有多业务的市场营销企业必须对其进行系统整合，使它们之间相互适应、相互匹配。

二、市场营销战略评估

（一）市场营销战略评估的基本原则

市场营销作为一种在满足消费者需求基础上实现企业盈利的经济活动，其效益的高低不仅取决于其给企业带来的盈利，还必须考虑其为消费者和社会带来的利益。所以，市场营销战略评估必须遵循以下基本原则：

1.目标性原则

目标性原则是指进行市场营销战略效益的评估必须明确评价的具体目标，根据目标来选定科学的评价方法。如果目标是开展市场营销活动之后实现企业利润的增长，就要以定量化分析为主；如果目标是开展市场营销活动之后提高企业或产品的知名度，成为顾客偏爱的产品及树立企业形象，则评价指标体系就会完全不一样。

2.统一性原则

统一性原则，即满足消费需求与寻求合理的企业利润相统一。实现盈利是企业开展市场营销战略活动的最终目的，但是在现代市场营销观念的指导下，企业不应该单纯追求某次的利润水平，而应该在满足消费需求的基础上取得长期而稳定的利润。所以，在评估市场营销战略时必须将两者紧密结合起来，既考虑企业利益又考虑社会利益，只有这样才能实现企业长远的效益目标。

3.整体性原则

整体性原则，即将市场营销战略与企业整体效益相结合的原则。虽然一个企业的营销效益主要体现在销售额、费用水平等营销指标方面，但营销指标并未全面反映企业的整体效益，如企业发展规模、投入产出情况（特别是资产的增值情况）、其他管理人员的工作效率等无法通过营销效益来体现。所以，在评估企业市场营销战略时必须将其放到企业整体中去认识，其评价指标、考核方法、奖惩措施等必须与企业整体办法相一致。

4.适应性原则

不同的企业，其市场营销战略的特点也有所不同，如制造业的营销效益主要表现在销售的多少及售后服务情况；而服务业则不同，营销效益除了表现在接待顾客的多少外，还表现为顾客在消费过程中的满意水平。所以，不同的企业在考核市场营销战略时应根据自己的营销特点制定相应的考核指标，找出各种因素之间的必要性和规律性，避免主观性和片面性，从而保证市场营销战略评估的准确有效。

5. 经常性原则

进行市场营销战略的评价并非一劳永逸的事，对企业而言，定期地、经常地进行市场营销效益的评价有利于促进企业整体效益的提高，也有利于企业整体市场营销战略的实现。经常性原则要求对市场营销效益的评价处在一个动态过程中，根据影响因素的变化随时调整考核指标及考核方法。

（二）市场营销战略评估的基本要求

市场营销战略评估是通过一系列经济指标和具体的考核标准来进行的。在考核过程中，指标的设置和考核的方法都必须合乎一定的要求，才能保证评价的科学和公开。

1. 评估指标的具体化

市场营销战略涉及企业市场营销工作的各个方面，每个方面的指标有不同的要求。人员推销、营业推广或广告促销等不同的市场营销形式追求不同的结果，每一种形式都有自己的主要考核指标和次要指标。所以，企业要能针对每一种具体的市场营销方式将评价考核指标具体化，如果只是一个笼统而抽象的指标，很难全面反映企业的市场营销战略效益。

2. 评估工作的针对性

对市场营销战略的评估要有一定的针对性，要根据不同行业、不同营销主体及不同的营销内容确定有效而可行的市场营销考核指标；并且还要根据营销目标的不同、市场营销人员的个性特点及所面对市场的困难程度不同而分别制定考核标准。假若一个企业的营销目标是提高企业的产品知名度，而市场营销效益的考核指标却是以销售量的提高为主，则说明该评价指标没有针对性，也是不合理的。所以，企业在进行市场营销战略评价时必须把握这些不同之处，有针对性地开展市场营销效益评价。

3. 评估指标的可行性

凡是开展市场营销活动的企业或其他非营利性单位都存在市场营销战略的评价问题，每个企业或组织单位都会根据其不同特点制定相应的科学的评价指标体系。然而不管怎样，对企业而言，最主要的还是评价指标体系的可行性。如果一个评价指标体系没有可行性，再科学也只是纸上谈兵而已。

4. 评估指标的可比性

随着市场营销理论的不断发展，各行业、各部门纷纷运用市场营销理论来指导自己的实际工作。由于经营性质不同、经营产品不一，各行业、各部门之间的市场营销效益是无法进行横向比较的。市场营销效益的高低必须在同类型企业间或同一企业的不同时期进行比较，才能判断在某一时期内企业营销效益的好坏及发展情况。

第二节　市场营销战略控制

一、市场营销战略控制的含义及方法

企业的市场营销战略是企业根据自己的市场营销目标，在特定的环境中，按照总体的策划过程所拟定的可能采用的一连串行动方案，但是市场营销环境变化很快，往往会使企业制定的目标、策略、方案失去作用。市场营销战略管理中的一个基本矛盾是既定的战略与变化着的市场营销环境之间的矛盾。要使市场营销战略不断适应变化着的市场营销环境，除了使市场营销战略本身具有应变性之外，还要加强对市场营销战略实施与管理过程中的控制。因此，在企业市场营销战略实施过程中必然会出现战略控制问题。市场营销战略的控制是企业经营管理的主要内容之一。

市场营销战略控制是指企业采取一系列行动，使实际市场营销工作与原规划尽可能一致，在控制中通过不断评审和信息反馈，对战略不断修正。从广义上讲，市场营销战略控制的功能主要有两个：第一，保证选择的使命、方向是正确的；第二，保证这个正确的使命、方向能够有效地贯彻执行下去。市场营销战略的控制既重要又难以准确，因为企业战略的成功是总体的和全局性的，战略控制注意的是控制未来，是还没有发生的事件。市场营销战略控制必须根据最新的情况重新调整计划，因而难度也就比较大。

一般来说，市场营销战略控制有四种主要类型，分别为年度计划控制、盈利能力控制、效率控制和战略控制，其目的在于连续不断地监督和控制各项营销活动，确保各项目标的实现。

二、年度计划控制

任何企业都要制订年度计划，然而，年度市场营销计划的执行能否取得理想的成效，还需要看控制工作进行得如何。

（一）年度计划控制的含义及目的

所谓年度计划控制，是指企业在本年度内采取控制步骤，检查实际绩效与计划是否有偏差，并采取改进措施，以确保市场营销计划的完成。许多企业每年都会制订相当严密的计划，但执行的结果往往与之有一定的差距。事实上，计划的执行结果不仅取决于计划制订得是否正确，还有赖于计划执行与控制的效率如何。可见，制订年度计划并付诸实施之后，做好控制工作也是一项极其重要的任务。年度计划控制的主要目的在于：（1）促使年度计划产生连续不断的推动力；（2）控制的结果可以作为年终绩效评估的依据；（3）发现企业潜在问题并及时予以妥善解决；（4）高层管理人员可借此有效地监督各部门的工作。

（二）年度计划控制的步骤

年度计划控制包括四个主要步骤：
1. 制定标准，即确定本年度各个季度（或月）的目标，如销售目标、利润目标等。
2. 绩效测量，即将实际成果与预期成果相比较。
3. 因果分析，即研究发生偏差的原因。
4. 改正行动，即采取最佳的改正措施，努力使成果与计划相一致。

（三）年度计划控制工具

企业可以运用五种绩效工具以校对年度计划目标的实现程度，即销售分析、市场占有率分析、市场营销费用与销售额比率分析、财务分析、顾客态度追踪。

1.销售分析

销售分析主要用于衡量和评估计划销售目标与实际销售之间的关系。这种关系的衡量和评估又有以下两种主要的方法：

（1）销售差异分析

销售差异分析用于决定各个不同的因素对销售额的不同作用。例如，假设年度计划要求第一季度销售 4000 件产品，每件 1 元，即销售额 4000 元。在该季度结束时，只销售了 3000 件，每件 0.8 元，实际销售额为 2400 元。那么，这个销售额差异为－1600 元。问题是，绩效的降低有多少要归因于价格的下降，有多少要归因于销售数量的减少？我们可以计算如下：

因价格下降的差异＝（1－0.8）×3000＝600 元

因价格下降的影响＝600÷1600×100%＝37.5%

因销量减少的差异＝1×（4000－3000）＝1000 元

因销量减少的影响＝1000÷1600×100%＝62.5%

可见，约有 2/3 的销售差异归因于未能实现预期的销售数量。由于销售数量通常较价格容易控制，企业应该仔细检查为什么不能达到预期的销售量。

（2）地区销售量分析

分析地区销售量可以通过衡量导致未能达到预期销售额的特定产品和地区来进行。例如，假设企业在三个地区销售，其预期销售额分别为 1500 元、500 元和 2000 元，总额 4000 元。实际销售额分别为 1400 元、525 元和 1075 元。就其销售额而言，第一个地区有7%的未完成额，第二个地区有5%的超出额，第三个地区有46%的未完成额。主要问题显然在第三个地区。造成第三个地区不良业绩的原因有如下可能：一是该地区的销售代表不努力或者有个人问题，二是主要竞争者进入该地区，三是地区居民收入下降。

2.市场占有率分析

企业的销售绩效并未反映企业相对于其竞争对手的经营状况如何。如果企业的销售额增加了，可能得益于企业所处的整体经济环境的改善与发展，也可能是由于其市场营销工作较之竞争对手更有效率。市场占有率分析剔除了一半的环境影响来考察企业本身的经营工作状况。如果企业的市场占有率上升，表明它较之竞争度对手的情况更好；如果下降，则说明相对于竞争对手，其绩效较差。市场占有率分析的具体方法有四种：

第一，全部市场占有率分析法，即用企业的销售额占全行业的销售额的百分比来表示。使用这种方法必须作出两项决策，第一是要以企业的销售量作为市场占有率的分子；第二是正确认定行业的范围，即明确行业所应包括的产品、市场等。

第二，可达市场占有率分析法，即用企业销售额占企业所服务市场的百分比来表示。可达市场是指企业产品最适合的市场以及企业市场营销努力所及的市场。企业可能有近100%的可达市场占有率，却只有相对较小的全部市场占有率。

第三，相对于三个最大竞争者的市场占有率分析法，即用企业销售额占最大的三个竞争者的销售额总和的百分比来表示。如某企业有30%的市场占有率，其最大的三个竞争对手的市场占有率分别为 20%、10%和 10%，则该企业的相对市场占有率是 30%÷（20%+10%+10%）=75%。在一般情况下，相对市场占有率达33%以上，就被认为是强势的。

第四，相对于市场领先者的市场占有率分析法，即用企业的销售额占市场领先者的销售额的百分比来表示。相对市场占有率超过100%，表明企业是市场领先者；相对市场占有率等于100%，表明企业与市场领先者同为市场领先者；相对市场占有率的增加表明企业正在接近市场领先者。

3.市场营销费用与销售额比率分析

年度计划控制也需要检查与销售有关的市场营销费用，以确定企业在达到销售目标时的费用支出。市场营销费用对销售额比率分析是结合营销费用和销售额指标分析问题的主要方法。市场营销管理人员的工作就是密切注意这些比率,以发现是否有任何比率失去控制。当一项费用对销售额比率失去控制时,必须认真查找原因。

4.财务分析

市场营销管理人员应就不同的费用对销售额的比率和其他的比率进行全面的财务分析,以解决企业如何及在何处开展活动,并获得盈利。市场营销管理人员还应利用财务分析来判断影响企业资本净值收益率的各种因素。

5.顾客态度追踪

如上所述的年度计划控制所采用的衡量标准大多是以财务分析和数量分析为特征的,即它们基本上是定量分析。定量分析虽然重要但并不充分,因为它们没有对市场营销的发展变化进行定性分析和描述。因此,企业需要建立一套系统来追踪其顾客、经销商以及其他市场营销系统参与者的态度。如果发现顾客对本企业和产品的态度发生了变化,企业管理者就能较早地采取行动,争取主动。企业一般用以下主要的系统来追踪顾客的态度:

(1)抱怨和建议系统

企业应记录、分析顾客的书面的或者口头的抱怨,并作出适当的反应。对于不同的抱怨,企业应该进行归类分析,并做成卡片;较严重的和经常发生的抱怨应及早予以注意。企业应该鼓励顾客提出批评和建议,使顾客经常有机会发表自己的意见,这样才能收集到顾客对企业产品、服务所作反馈的完整资料。

(2)固定顾客样本系统

有些企业建立了由具有一定代表性的顾客组成的固定顾客样本,定期通过电话访问或邮寄问卷等方式来了解其态度。这种做法有时比抱怨和建议系统更能反映顾客态度的变化特点及其分布范围。

(3)顾客调查系统

企业应定期让一些随机的顾客回答一组标准化的调查问卷,其中包括员工态度、服务质量等。通过这些问卷的分析,企业可以及时发现问题,并加以纠正。

三、盈利能力控制

取得利润是企业的重要目标之一。企业可以运用盈利能力控制来测定不同产品、不同销售区域、不同顾客群体、不同渠道以及不同订货规模的盈利能力。由盈利能力控制所获取的信息,有助于管理人员决定各种产品或市场营销活动是扩展、减少还是取消。盈利能力控制主要通过市场营销成本和战略利润模型来反映。

（一）市场营销成本

市场营销成本直接影响企业利润。企业的营销成本一般来说由以下项目构成：直接推销费用，包括直销人员的工资、奖金、差旅费、培训费、交际费等；促销费用，包括广告媒体成本、产品说明书印刷费用、赠奖费用、展览费用、促销人员工资等；仓储费用，包括租金、维护费、折旧、保险、包装费、存货成本等；运输费用，包括托运费用等，如果是自有运输工具的运输，还要考虑折旧、维护费、燃料费、牌照费、保险费、司机工资等；其他市场营销费用，包括市场营销管理人员工资、办公费用等。

上述成本连同企业的生产成本构成了企业的总成本，直接影响到企业的经济效益。其中有些与销售直接有关，称为直接费用；有些与销售并无直接关系，称为间接费用。当然，有时两者很难区分开来。市场营销管理人员必须认真分析市场营销中的成本支出，并把有关成本数据与计划数据及历史数据进行比较，如有不正常现象，必须查找原因，并采取适当措施进行控制，以确保盈利能力的持续增长。

（二）战略利润模型

企业的财务状况不是由单一指标来衡量的，而是由财务指标组合来衡量的。财务指标组合主要包括以下四个方面：流动性比率、资产效率比率、获利能力比率和杠杆比率。战略利润模型能很好地将四者结合起来。其中，

$$总资产周转率＝销售收入/总资产$$
$$资产收益率＝净收益/总资产$$
$$净利率＝净收益/总资产$$
$$杠杆比率＝资产总额/资产净值$$
$$投资收益率＝净利润/资产净值$$

战略利润模型有四个重要的管理用途：第一，该模型强调公司的主要财务目标是实现高的和目标既定的投资收益率。第二，该模型定义了企业可以采取的三种利润途径，即提高资产周转率、提高净利润，或者深化杠杆经营程度。其假设前提是：未来的资金流动足以覆盖新增的借贷资本。第三，该模型理想地阐述了公司主要领域的决策制定方针，即资本管理、利润管理和财务管理，而且公司中相互联系的资本计划、利润计划、财务计划被认为有效地促进了管理业务的高效率。第四，该模型提供了评价财务策略的有用观点，不同的组织可以采取这些财务策略来实现其目标投资收益率。

为了更好地理解战略利润模型，有必要了解以下财务指标：

1.流动性比率

流动性比率是用来衡量企业资产的流动性，即企业资产的变现能力。其目的是评价企业按时履行财务义务的能力。流动性比率低表明企业债务沉重，有可能无力清偿债务或者由于其信用级别低而无法充分利用可能出现的增长机会。供应商可以向偿债

能力低的成员继续提供商品和服务，但应该限制其信用（赊账）总额或妥善安排其偿债方案。广泛应用的四个流动性比率指标有流动比率、速动比率、营运资本比率和现金比率。

流动比率＝流动资产/流动负债

流动资产包括现金、应收账款、坏账准备、制造业存货、可变现证券等。流动比率越大，在短期债务到期时企业的偿还能力越强。一个广泛认可的规则是 2.0 的流动比率是大多数企业的适当目标。

速动比率＝（流动资产－存货）/流动负债

在流动比率中，存货也被当作是流动资产。但是存货比债券和应收账款的流动性要差。从短期看，通常存货更加难以变成现金。所以，把存货从流动比率的分子中剔除，就成了速动比率。一般认为，1.0 左右的速动比率是比较合适的。

营运资本比率＝（流动资产－流动负债）/销售收入

营运资本是净营运资本的简称，是流动资产与流动负债的差额。这一比率表明了流动性数字与销售收入的关系。

现金比率＝现金及现金等价物/总资产

现金及现金等价物（如有价证券等）是流动性最强的资产。现金比率表明以流动性最强的形式持有资产的比率。

2.资产效率比率

资产效率比率用来衡量企业怎样有效经营其资产的问题。针对单项资产和总资产的管理有以下几项指标：应收账款周转率、存货周转率和总资产周转率。使用这些指标，渠道成员可以促使债务人加快偿付、加速存货周转，或减少经营欠佳的分店等非高效资产。

应收账款周转率＝年赊销收入/应收账款

应收账款周转率是用来衡量年度应收账款余额周转次数的。如果得不到年赊销收入的数据，就用企业销货净额代替，即相当于假设所有的销货都是赊销。与之紧密联系的一个指标是应收账款周转天数。

应收账款周转天数＝365/应收账款周转率

应收账款周转天数也叫平均收账期，是衡量企业应收账款质量的综合指标。企业的收账期应该与企业提供给顾客的信用条件相对应。例如，全行业的信用条件通常为30 天，那么 40 天的收账期基本核实，而收账周期高达 60 天表明企业的应收账款整体质量较差，企业应该考虑移交某些款项到催债部门，或加紧收账日期，或将某些有问题的应收账款划入坏账中。

存货周转率＝销货成本/平均存货

存货周转率是对存货在实物上每年周转次数的估计。以往，有分析者用净销货除以存货来计算存货周转率，但这样的计算高估了实物存货的周转率。一方面，低存货周转率表明企业存货中有相当部分周转缓慢或者呆滞。存货周转率可以通过即时库存管理、最低商品储备及 ABC 分析法等的运用而提高。另一方面,如果比率太高也可能意味着企业放弃了很多销售机会。衡量存货周转率的另一种方法是存货周转天数,它等于 365 除以存货周转率,表明存货出售前在企业存留的平均时间。

$$总资产周转率=销售收入/总资产$$

它用来表示企业使用其资产的效率。

3. 获利能力比率

获利能力比率着眼于企业产生利润的行为。这种比率衡量企业产生利润的效率。在此,主要考察两种获利能力比率,即毛利率(衡量与销货有关的行为)和收益率(衡量与投资规模指标有关的行为)。其中,

$$毛利率=毛利额/销售收入$$
$$净利率=非常项目净收益/销售收入$$
$$资产收益率=净收益/总资产$$

上述指标对于资产基础较为庞大的分销渠道成员尤为重要,对于许多批发商和零售商而言,资产的相当比例是由存货构成的。当然,必须指出的是,收益率是以账面价值为基础的,存在一定的局限性。

4. 杠杆比率

杠杆比率可以用常用的三个指标来表述,即资产负债比率、资产－权益比率和权益倍数。其中,

$$资产负债比率=负债总额/资产总额$$
$$资产－权益比率=负债总额/股东权益$$
$$权益倍数=总资产/股东权益$$

公式中的股东权益相当于资产净值。

四、效率控制

企业运用盈利能力控制来测定不同产品、不同销售区域、不同顾客群体、不同渠道及不同订货规模的盈利能力。假设盈利能力分析表明企业关于某一产品、地区市场的利润状况糟糕,那么企业有必要采取高效率的措施来管理销售人员、广告、促销、分销等,以便确保企业的盈利能力,这就是所谓的市场营销战略运行中的效率控制问题。效率控制的目的在于提高人员推销、广告、促销和分销等市场营销活动的效率。

（一）销售人员的效率控制

各地区的销售经理需要记录本地区的销售人员效率的几项主要指标：销售人员平均每天的销售访问次数、每次销售访问的时间、每次销售访问的平均收益、每次销售访问的平均成本、每次销售访问的招待成本、每次销售访问订购的百分比、每期发展的新顾客数、每期流失的顾客数、销售成本对总销售额的百分比等。

（二）广告效率控制

企业进行广告效率控制，至少应该进行如下统计：媒体的类型，不同类型媒体接触每千名顾客所需的广告成本，顾客对于不同媒体的注意、联想、阅读的百分比，顾客对于广告内容和效果的意见，顾客在广告前后对于产品的态度，受广告刺激而引起询问的次数，等等。企业可以采取若干步骤来改进广告效率，包括进行更加有效的产品定位、确定广告目标、寻找较佳的媒体，以及进行广告效果测定等。

（三）促销效率控制

企业应该对每项促销成本及其对销售的影响做记录，如由于优惠而销售的百分比、每一销售额的陈列成本、赠券回收的百分比、因促销而引起的询问次数等。企业还应观察不同促销手段的效果，并使用最有效果的促销手段。

（四）分销效率控制

分销效率主要包括分销网点的市场覆盖面、销售渠道层级、各类渠道成员的作用、分销系统的结构、企业存货水准、仓库位置及运输方式等。

第三节 市场营销审计

在实施营销战略控制的过程中，市场营销审计是十分重要的工具。所谓市场营销审计是指对一个企业的市场营销环境、目标、战略、组织、方法、程序和业务等进行综合的、系统的、独立的和定期的核查，以便了解企业的困难所在及各项机会，并提出行动计划的建议，改进市场营销管理效果。市场营销审计实际上是在一定的时期内对企业的全部市场营销业务进行总体效果评价，其主要特点是不限于评价某些问题，而是对全部活动进行评价。目前，越来越多的国内外企业运用市场营销审计进行战略控制。

一、市场营销审计的基本要求

市场营销审计是作为评估一个企业或者企业中的一个业务单位市场营销状况的工具而被广泛应用于各类企业的。充分发挥市场营销审计在市场营销战略控制中的作用，必须做到：

（一）全面性

一般来说，市场营销审计是一项全面的活动，审计的范围可能涉及一个企业几乎所有的市场营销活动，表现出的是一个水平的审计。如果仅仅涉及某些部门的活动，则称为职能性的审计，如销售管理审计、广告审计、价格审计等。对于那些进行审计的职能部门来说，职能性审计是垂直的、深入进行的审计；而对于整个企业来说，职能性审计是对关键市场营销职能的深入研究。

（二）系统性

市场营销审计不是一般的工作检查和民意测验，而是包含一系列完整有序的步骤和科学方法的分析诊断工作。市场营销审计包括对企业的市场营销环境、市场营销制度、各种市场营销策略和方法进行诊断，并根据诊断结果和企业的具体情况，提出短期的和长期的改进措施。

（三）独立性

市场营销审计不是单纯的由企业或组织所进行的自我审计，它往往是一项独立于接受市场营销审计的企业之外的工作。市场营销审计可以具体分为两种类型：（1）企业内部的市场营销审计，即由企业内部被评估部门之外的人或组织进行审计；（2）企业外部的市场营销审计，即聘请专业的管理咨询公司对企业的市场营销活动进行审计。保持企业市场营销审计的相对独立性，可以使审计的结果更具有客观性。

（四）定期性

企业不能仅仅将市场营销审计视为一剂帮助企业摆脱困难的"特效药"，而应当将其视为一项定期的常规管理工作。企业无论是处于顺利的局面还是处于困难的局面，定期进行市场营销审计都是十分必要的。市场营销审计既可以帮助处于困难中的企业摆脱困难，又可以帮助优势企业保持和发展良好的态势，避免企业走"下坡路"。

二、市场营销审计的基本程序

（一）了解企业目标，确定审计范围

在这一阶段，市场营销审计人员应该就企业的市场营销审计目标，市场营销审计设定的范围，工作的广度、深度，审计数据的来源，报告的形式和审计的时间要求等有关方面的问题与企业的管理层磋商，以达成一致看法。这是市场营销审计得以顺利进行的基础。

（二）搜集数据资料，进行全面评价

在第二阶段，为了提高工作效率、节约审计时间和降低审计成本，市场营销审计人员必须制订详细的工作计划，如访问者和访问对象、所需了解的问题、访问的时间和地点等，并在每天工作结束后写出工作报告。市场营销审计人员在搜集资料过程中要坚持第一手资料与第二手资料相结合的原则，不能仅仅依赖于接受市场营销审计部门所提供的现成资料。这是因为，在大多数情况下，许多接受市场营销审计的企业并没有真正掌握有关本企业市场营销活动的真实情况。常见的一种倾向是企业对自己的市场营销态势和市场地位的估计过于乐观。因此，市场营销审计人员搜集的资料应有一定比重来自消费者、贸易伙伴、后续经销企业以及供应商的评价。因为这样的资料往往是能够客观地反映出他们对该企业看法的第一手资料，从而帮助市场营销审计人员发现以前可能被企业忽略的问题。

（三）归纳整理资料，准备提交报告

在对市场营销审计范围所规定的方面进行系统的资料搜集之后，市场营销审计人员可以开始为提出正式的市场营销审计报告做准备工作。在结束了资料的搜集之后，市场营销审计人员要在形成最终报告以前向企业的最高管理层进行客观的汇报，向其介绍市场营销审计的发现，提出建议，并观察企业管理层的反应。在与最高管理层的沟通结束后，市场营销审计人员应向企业最高管理层提交一份直观的、反映企业现实状况的书面审计报告。这份报告的主要内容应当有市场营销审计目标的重申、市场营销审计过程中发现的主要问题，以及市场营销审计人员的建议等。

三、市场营销审计的主要内容

一般而言，市场营销审计的基本内容包括以下六个部分：

（一）市场营销环境审计

市场营销环境审计包括对企业所处的市场营销总体环境（也称宏观环境或者间接环境）和个体环境（也称作业环境、任务环境或者直接环境）两大方面的审计。有关总体环境的市场营销审计，主要是弄清楚来自企业外部的不可控制因素的变化以及其对企业可能造成的影响。这些环境因素主要有政治因素、经济因素、科技因素、社会文化因素和法律因素。市场营销总体环境审计的主要任务是了解和分析这些因素的形成以及变化趋势，以使企业趋利避害，充分利用环境变化所形成的新机会。但在不同的企业中，这部分市场营销审计工作的工作量的大小是不同的。在那些设有专门和长期的且工作效率高的市场营销环境监测部门的企业中，对市场营销总体环境的审计就显得驾轻就熟了。对市场营销个体环境的审计重点是目标顾客、竞争者、供应商、分销商、代理商以及相关公众对本企业的观念、态度和信任程度。为确保市场营销审计的有效性，市场营销审计人员往往需要访问上述这些不同的群体，以获取比较客观的第一手资料。

（二）市场营销战略审计

战略性市场营销规划是企业为实现总体战略目标设计的一定时期内市场营销发展的总体设想和方案。它从企业的经营结构、资源优势、市场营销目标出发，分析市场营销环境状况和可接受的风险限度，使企业的内部、外部条件达到动态的平衡。企业市场营销战略的内容涉及企业的市场营销费用、市场营销组合和预期的环境变化对企业的影响，以及竞争条件下企业市场营销资源的分派和使用等许多方面。

市场营销战略审计主要是对企业战略性市场营销规划的审计，除此之外，还包括对市场营销规划与企业战略协调的审计、市场营销目标的审计。市场营销战略审计要求重点评价企业的各种市场营销目标和战略性市场营销规划对当前的和未来的市场营销环境的适应程度。

（三）市场营销组织审计

市场营销组织审计包括对企业正式组织结构的审计、对市场营销部门功能的审计、对企业中各部门之间联系效率的审计，以及对市场营销组织在特定环境中实施预期战略方面所应具备的能力的审计。实施市场营销组织审计首先要评价企业市场营销组织机构的有效性。考察市场营销组织机构有效性的一般衡量标准是观察其是否具有灵活性、适应性和系统性。所谓灵活性和适应性，是指企业的组织机构能够对市场营销环境的变化和企业目标市场的调整及时作出反应，并迅速地调整企业行为。所谓系统性，是指企业组织机构中的各个职能部门，如市场营销、研究与开发、制造、财务、人事管理及其所属有关部门，在满足消费者需要的目标下，能充分发挥整体协同作用，成为一个具有适应、调节功能的系统。除此之外，对企业市场营销部门（或组织）的审计也是必需的，其中包括市场营销组织所具有的市场观念、组织设置的模式、自身规模与企业规模的适应性、管理层次的多少、工作绩效，以及拥有市场营销专门技术人才的状况等。

（四）市场营销系统审计

市场营销系统审计包括对企业的市场营销信息系统、市场营销计划系统、市场营销控制系统和新产品开发系统的审计。此项市场营销审计重在检查企业的分析、计划、控制制度的质量。

对市场营销信息系统的审计，主要是审计企业是否有足够的有关市场发展变化的信息来源，是否有畅通的信息渠道，是否进行了充分的市场营销研究，是否恰当地运用市场营销信息进行科学的市场预测等。

对市场营销计划系统的审计，主要是审计企业是否有周密的市场营销计划，计划的可行性、有效性以及执行情况如何，是否进行了销售潜量和市场潜量的科学预测，是否有长期的市场占有率增长计划，是否有适当的销售定额及其完成情况如何等。

对市场营销控制系统的审计，主要是审计企业对年度计划目标、盈利能力、市场营销成本等是否有准确的考核和有效的控制。

对新产品开发系统的审计，主要是审计企业开发新产品的系统是否健全，是否组织了新产品创意的收集与筛选，新产品开发的成功率如何，新产品开发的程序是否健全，包括开发前的充分的调查研究、开发过程中的测试以及投放市场的准备及效果等。

（五）市场营销盈利能力审计

市场营销盈利能力审计，是在企业盈利能力分析和成本效益分析的基础上，审核企业的不同产品、不同市场、不同地区以及不同分销渠道的盈利能力，审核进入或退出、扩大或缩小某一具体业务对盈利能力的影响，审核市场营销费用支出情况及其效益，进行市场营销费用与销售分析，包括销售队伍与销售额之比、广告费用与销售额之比、促销费用与销售额之比、市场营销费用与研究费用之比、销售管理费用与销售额之比，以及进行资本净值报酬率分析和资产报酬率分析等。

(六)市场营销职能审计

市场营销职能审计是对企业的市场营销组合因素效率的审计。主要是审计企业的产品质量、特色、式样、品牌的顾客欢迎程度,企业定价目标和战略的有效性,市场覆盖率,企业分销商、经销商、代理商、供应商等渠道成员的效率,广告预算、媒体选择及广告效果,销售队伍的规模、素质以及能动性等。

第五章 市场营销战略的新发展

第一节 网络营销

一、网络营销的内涵和特点

(一)网络营销的内涵

所谓网络营销,是指企业以网络技术为手段,在产品设计、产品生产、产品流转、商品交换、消费和售后服务等方面所进行的满足消费者或用户需求的一系列经营活动。从市场营销的角度出发,网络营销是企业整体市场营销战略的一个组成部分,是建立在互联网基础之上,借助互联网特性来实现一定市场营销目标的一种市场营销手段。网络营销作为一种新型市场营销方式,它在实现企业最终目的,即通过满足消费者需求进而满足企业自身的需求(即获得利润)上与传统的市场营销并无二致。不同的是,在网络营销中,企业可充分运用十分发达、畅通的通信网络技术为企业的市场营销目标服务。

(二)网络营销的特点

互联网自身的某些特性,使得以其为手段的网络营销呈现以下特点:

1.虚拟化

因为网络具有虚拟性,网络营销也具有虚拟的一面。在网上,企业是虚拟的,商场是虚拟的,商品也是虚拟的。在网上看起来很大的一家公司可能只有几个人,甚至根本就是一家皮包公司;看起来很漂亮的商品可能是假冒伪劣商品,甚至根本就不存在;在网上支付的也是虚拟的电子化的货币。

2. 跨时空

互联网具有超越时间约束和空间限制进行信息交换的特点，从而使得脱离时空限制达成交易成为可能。企业有更多的时间和在更大的空间内进行市场营销，每周 7 天，随时随地向客户提供全球性的市场营销服务，以达到尽可能多地占有市场份额的目的。

3. 交互式

企业可以通过互联网向客户展示商品目录，提供有关商品信息的查询，可以和顾客进行双向互动式的沟通，可以收集市场情报，可以进行产品测试与消费者满意度的调查等。因此，互联网是企业进行产品设计、商品信息提供和服务供给的最佳工具。

4. 人性化

在互联网上进行的促销活动具有一对一、理性化、消费者主导、非强迫性和循序渐进式的特点，这是一种低成本的人性化的促销方式，可以避免传统的推销活动所表现的强势推销的干扰。并且，企业可以通过信息提供与交互式沟通，与消费者建立起各种长期的、相互信任的良好合作关系。

5. 直接化

由于厂商通过网络直接与顾客进行联系，商品可直接从厂商到顾客手中，大大缩短了商品流通过程，使销售渠道更加直接化，加速了商品流、资金流、信息流，从而也大大削弱了中间商的作用。

6. 高成长

遍及全球的互联网上网者的数量飞速增长，而且上网者大部分是年轻的、有较高收入和较高教育水准的人。这部分群体的购买力强，而且具有很强的影响力，因此网络营销是一个极具开发潜力的市场渠道。

网络营销，说通俗点就是通过网络来宣传自己的企业，推广自己的产品或服务。在今天，互联网正在彻底改变着我们的生活。据统计，截至 2023 年 12 月，中国的网民已经达到 10.92 亿人，而且这个数字还在不断激增。企业在竞争中求生存，求发展，忽略网络这一重要市场营销渠道，失去的不仅仅是客观的客户群体，更可能失去在新一轮经济整合中抢先一步的绝佳机会。

二、网络营销的优势

相对于传统营销模式，网络营销具有许多无可比拟的优势，这些优势来源于互联网本身的特性：互动性、虚拟性、私人性、全球性和永恒发展性。

（一）网络营销可提供多种销售服务，以满足消费者购物便捷的需要

在销售前，商家可以通过网络向消费者提供丰富的产品信息及相关资料，如产品的质量认定、专家的品评和用户意见等。消费者可以在不受干扰的环境下，理智地对比、选择，做出正确的购买决策。在购买过程中，消费者无须花费时间和精力亲临店铺完成购买行为，只需访问该商家的网页，进行网上订购，并以电子货币支付结算，就可坐等商品送货上门。购买后，消费者可随时在网上进行交流、反馈，得到来自商家的技术指导和服务。

（二）网络营销具有极强的互动性，有助于商家实现全程营销目标

不论是传统营销管理强调的 4p 组合，还是现代营销管理所追求的 4C，都需要遵循一个前提，就是企业必须实行全程营销，即应该从产品的设计阶段就开始充分考虑消费者的需求和意愿。但是，由于企业和消费者之间缺乏合适的沟通渠道或沟通成本过高，这一理想无法很好地实现。消费者一般只能针对现有产品提出建议或批评，对策划、构思、设计中的产品则难以涉足。此外，大多数中小企业也缺乏足够的资本用于了解消费者的各种潜在需求，他们只能靠自身能力或参照市场领先者的策略，甚至根据遇到的偶然机会进行产品开发。

在网络环境下，不管是大型企业，还是中小企业，均可以通过电子布告栏、线上讨论广场和电子邮件等方式，以极低的成本在市场营销的全过程中对消费者进行即时的信息搜集，而这在非网络环境下是中小企业所不敢想象的。同时，网络也为消费者对产品的设计、包装、定价、服务等问题发表意见提供了方便。这种双向互动的沟通方式，确实提高了消费者的参与性和积极性；反过来，则提高了企业市场营销策略的针对性，十分有助于实现企业的全程营销目标。

（三）网络营销可以节约促销流通费用，降低企业成本

运用网络营销可以降低采购成本，企业通过计算机与互联网络技术加强了与各供应商之间的协作关系，将原材料的采购与产品的制造有机地结合起来，形成一体化的信息传递和信息处理体系。

运用网络营销可以降低促销成本。尽管建立和维护公司的网址需要一定的投资，但是与其他销售渠道相比，使用网络的成本已经大大降低。第一，可以降低材料等费用。产品特征、公司简介等信息，消费者都能在网上查询到；所有的市场营销材料都可直接在线上更新，无须反复，从而可以大大节省打印、包装、存储、交通等费用。第二，可以节省广告宣传费用。与传统的广告相比，无论是在宣传范围的广度和内容的深度方面，网络广告均具有无与伦比的优点。第三，可以降低调研费用。在销售过程中，企业往往需要进行广泛的市场调查。互联网的运用，既为做市场调查提供了国

际性的空间，而且空前地降低了调查的各种费用。第四，在提高售后服务效率的同时，大大降低了运作成本。传统的售后服务主要运用电话、书信等手段，不但需要的人手多，还常常会造成延误，使本有可能快速解决的问题变成大问题。在应用了网络营销之后，企业可在网页上提供精心设计的"商品注意事项""问题解答""使用程序"等资料，消费者可随时查询，几乎不需要多少费用就能把小问题"扼杀在摇篮里"，大问题也能在低成本条件下及时得到解决。

（四）网络营销有利于企业增加产品销量，提高市场占有率

在网络上，企业可提供全天候的广告及服务而不需要增加开支。网页的维护及运作是由网络服务公司负责的。除了专业设计的电脑软件在不间断地全自动处理往来信息、统计、存档之外，还有电脑工程师在全天候监控系统的运作，处理突发情况。这种 24 小时不间断的服务有利于增加企业与消费者的接触机会，更好地发挥潜在的销售能力。

网络能把广告与订购连为一体，促成购买。传统的广告与订购是分开的，虽然广告媒体可能抓住了消费者的注意力，使消费者产生了购买意愿，但需要消费者以另外的方式主动购买，这就有可能减少营业额。而在网络上，消费者可直接付款购买，这便为消费者提供了更快速、更直接的购买渠道。

三、网络营销的内容

互联网应用的发展不仅改变了企业的市场营销方式，还改变了消费者的行为方式。因此，网络营销不只是利用网络信息技术，还是以新的方式和理念开展市场营销活动，它有着非常丰富的内容。从整体上来看，网络营销与传统营销的基本目的和营销管理过程是一样的，而在具体的实施和操作过程上却有着很大的区别。

（一）网上市场调查

网上市场调查是网络营销的主要职能之一。互联网与传统媒介的最大区别之一就是它的交互性，市场营销者可以利用互联网的交互性来进行市场调查。市场营销者可以通过在线调查表或电子邮件等方式进行问卷调查，收集一手资料，也可以通过搜索引擎搜集所需的二手资料。

然而，互联网超越了时空限制，实现了信息共享，而且信息量巨大。因此，在利用互联网进行市场调查时，市场营销者不仅要掌握有效利用网络工具开展调查和整理资料的方法，还要学会如何在海量信息中分辨有用的可靠信息。

（二）网络消费者行为分析

互联网环境下的消费者与传统市场环境下的消费者相比有着不同的特性。他们掌握的信息量大，还会通过互联网进行互动、分享经验、进行口碑传播等。因此，要开展有效的网络营销活动，必须深入了解网上用户群体的需求特征、购买动机和购买行为模式。互联网作为信息沟通的工具，正成为许多有相同兴趣和爱好的消费群体聚集和交流的地方，在网上形成了一个特征鲜明的虚拟社区。网络消费者行为分析的关键就是了解这些虚拟社区的消费群体的特征和偏好。

（三）网络产品策略和服务策略

互联网作为有效的信息沟通渠道，不仅仅用于对传统的线下产品进行宣传或者销售，还可以进行产品策略的创新。由于网络环境与真实环境的不同，消费者在产品外观、质量以及价值感知等方面都会存在差异，不少传统的优势品牌在网络市场上并未显示其品牌优势。因此，在网上进行产品营销，必须结合网络特点重新考虑产品组合和新产品开发等传统的产品策略。此外，企业可以借助互联网的交互性特征为消费者提供在线服务，如微博、微信、在线问答、短视频、在线直播等，这些新兴手段为提升企业的服务质量提供了新的机遇。

（四）网络品牌

网络品牌的建立和提升是网络营销的主要任务之一，企业不仅可以通过互联网的传播特性提高企业品牌和产品品牌的知名度，还需要建立企业的网络品牌。与传统市场类似，网络品牌对网上市场消费者也具有很大的影响力。然而，网络品牌与传统品牌也有着不同之处，网络优势品牌的建立需要企业重新进行规划和投资。企业如果要在网络营销中充分展示品牌的影响力，绝不能一味地依赖传统品牌，要对传统品牌和网络品牌进行统筹规划和投资，实现两者的互补和互动。

（五）网络定价策略

信息技术的发展使得网络环境下的商品和服务定价变得更加复杂。在互联网环境下，消费者获取信息更加便利，获取的信息量更丰富，消费者权利也会随之提升，因而在一定程度上拥有了商品的定价权。此外，由于互联网的信息共享，商品定价的透明度增加，企业和消费者都可以通过网络了解一种商品或者服务的所有卖方的售价。所以，网络营销中的定价策略不同于传统市场中的定价，企业必须考虑互联网的特性对于产品定价的影响。

（六）网络销售渠道策略

互联网的发展为企业的分销创造了许多机遇。如果交易能够通过网络完成，消费者就能进行自我服务工作，不仅为消费者自身带来便利，同时减少了企业的成本。

然而，随着网络销售的发展，网络渠道也逐渐演化为一个复杂而庞大的系统，企业可以自己建立网络销售平台，也可以通过现有网络渠道商分销其产品。因此，如何选择渠道成员、评价渠道成员，如何科学、系统地进行渠道规划，避免与传统渠道的冲突，都是网络营销渠道管理中的重要内容。

（七）网络促销策略

在网络营销活动的整体策划中，网络促销是其中极为重要的一项内容。网络促销是指利用互联网等电子手段来组织促销活动，以辅助和促进消费者对商品或服务的购买和使用。根据网络营销活动的特征、产品服务和促销对象的不同，结合传统的营销方法，网络促销策略可分为消费者促销、中间商促销和零售商促销等。

（八）网络营销管理

由于互联网的匿名性特征，政府相关部门的监管还不够完善，导致网络营销面临许多新问题，如网络产品质量保证问题、消费者隐私保护问题以及信息安全问题等。由于网络信息传播速度非常快，而且网民对负面消息的反应比较强烈、迅速，因此企业必须对这些问题予以高度重视，并通过合理的网络营销管理工作进行有效的控制，否则网络营销效果会适得其反。

四、常用网络营销工具简介

（一）企业官方网站

企业官方网站可以实现网络品牌、信息发布、产品展示、客户服务、客户关系管理、资源合作、网络调研和网络销售等 8 项功能，是企业最重要的网络营销工具之一，也是综合性网络营销工具。企业官方网站在企业官方网络营销信息源构建、网络品牌建设等方面具有其他网络营销工具无法替代的作用。

（二）第三方电子商务平台

第三方电子商务平台可以实现信息发布、产品展示、客户服务、网络销售等职能。利用第三方电子商务平台，企业可以大大简化其开展电子商务的流程，也不需要建设功能较为复杂的官方平台。

（三）搜索引擎

搜索引擎可以带来更多的点击与关注，树立企业品牌形象，提升品牌知名度，增加网站的曝光度，也可以为竞争对手制造网络推广壁垒。

（四）社会化媒体

社会化媒体是人们彼此之间用来分享意见、见解、经验、观点的工具和平台，现阶段主要包括社交网站、微博、微信、论坛、问答社区、百科等。企业通过社会化媒体可以建立企业品牌、提升品牌的曝光度和知名度、维护客户关系等。

（五）网络视频

网络视频集视频和网络的优势于一体，通过故事、情感、娱乐等方式植入品牌、产品、促销等相关信息，目前已经成为一种趋势。

（六）网络广告

网络广告因覆盖面广、观众基数大、传播范围广、不受时空限制、互动性强、可准确统计受众数量等特点，已成为目前一种主流的广告形式。

（七）电子邮件

电子邮件是一种用电子手段提供信息交换的通信方式，是互联网应用最广的服务。企业可以通过电子邮件实现客户服务、网站推广、信息发布、市场调研等职能。

第二节　绿色营销

企业作为社会系统中的一个组成部分，其生存和发展与所处的自然生态环境息息相关。保护生态环境、促进经济与生态的协同发展，既是企业自身生存与发展的需要，又是企业不可推卸的社会责任。20 世纪 90 年代以后风靡全球的绿色营销使企业营销步入了集企业责任与社会责任为一体的理性化的高级阶段。

一、绿色营销的界定

绿色是三原色之一，红、绿、蓝相互结合，可以显现万紫千红的缤纷色彩。绿色是生命的原色，约在1万年前，人类为了生存，开始栽培植物，从此绿色象征着生命、健康和活力，绿色也代表着人类生活环境的本色，是春天的颜色，是常青永恒的标志，是对未来美好的向往与追求。绿色还意味着和谐的生态环境、沉静恬适的精神境界、民族与事业的蓬勃发展。哪里有绿色，哪里就有生命。在这里，"绿色"是一个特定的形象用语，既不能简单地认为"绿色=植物=农产品"，又不能将绿色理解为"纯天然""回归自然"的代名词，它泛指保护地球生态环境的活动、行为、计划、思想和观念等。具体地讲，绿色的含义包括两方面内容：一是创造和保护和谐的生态环境，以保证自然和经济的持续发展；二是依据"红色"禁止、"黄色"示警、"绿色"通行的惯例，以"绿色"表示合乎科学性、规范性的行为。

绿色营销是指以促进可持续发展为目标，为实现经济利益、消费者需求和环境利益的统一，市场主体根据科学性和规范性的原则，通过有目的、有计划地开发及同其他市场主体交换产品价值来满足市场需求的一种管理过程。

该定义强调了绿色营销的最终目标是可持续性发展，而实现该目标的准则是注重经济利益、消费者需求和环境利益的统一。因此，企业无论在战略管理还是在战术管理中，都必须从促进经济可持续发展这个基本原则出发，在创造及交换产品和价值以满足消费者需要的时候，注重按生态环境的要求，保持自然生态平衡和保护自然资源，为子孙后代留下生存和发展的权利。实际上，绿色营销是环境保护意识与市场营销观念相结合的一种现代市场营销观念，也是实现经济可持续发展的重要战略措施。它要求企业在市场营销活动中，注重地球生态环境的保护，促进经济与生态的协同发展，以确保企业的永续性经营。

对于绿色营销的定义，很多学者还从不同的角度进行了界定，概括起来，具有代表性的观点可以归纳为以下四种类型：

（一）产品中心论

产品中心论认为，绿色营销是指以产品对环境的影响为中心点的市场营销手段。它强调以环境保护为宗旨，从本质上改革产品的构成以及与之联系在一起的产品的生产过程和消费后废弃物的处理方式。它主要从以下四个方面考虑：

1.产品本身

为保护环境，企业要设计、生产绿色产品，即企业生产的产品无论从生产过程到消费过程，还是从外包装到废旧后的回收都要有利于人体的健康，有利于环境的保护和改善，能够在创造企业内部经济的同时带来社会外部的经济性。

2. 产品包装

产品的包装设计必须考虑对环境的影响。企业应选用对环境污染轻甚至无污染的材料来制作包装物，并应考虑包装废弃物处理等问题。

3. 产品加工过程

为了减轻对环境的污染，产品的加工过程应该符合清洁生产标准，即尽量避免使用有毒有害的原料及中间产品，减少生产过程中的各种危险性因素，采用少废、无废的工艺，选用高效的设备，做到物料的再循环（厂内、厂外），采用简便的操作和控制等。

4. 倡导赞助环保的组织和事业

为很好地推进绿色产品的生产，实施绿色营销，必须呼吁社会尽快成立具有权威性的、与国际绿十字会接轨的绿色组织，承担起对有关"绿色知识"的教育培训、宣传推广、监督控制等任务，针对不同对象、采取不同方式进行教育培训，提高全社会的绿色意识，利用各种宣传工具和宣传形式，开展各种保护生态环境的活动，发动全社会的力量来促进企业增强环保意识，监督企业实施绿色营销。

（二）环境中心论

这种观点认为，绿色营销是指企业在市场营销中要保护地球生态环境，反污染以保持生态，充分利用资源以造福后代。绿色营销是以环境问题作为推进点从而展开的市场营销实践。这种观点的着眼点是利用绿色问题来推销产品，而并不是真正意义上解决环境问题。例如，1990年，地球日给了那些与环境问题有关的公司发起绿色宣传运动的机会，这些公司并没有真正开发出对改善环境有益的货真价实的产品，而是以功利主义为目的纷纷为自己的产品加上环境保护的标签，以推销产品。

（三）利益中心论

这种观点认为，绿色营销是为了实现企业自身利益、消费者需求和环境利益的统一，而对产品和服务的观念、定价、促销和分销进行策划和实施的过程。它强调企业在实施绿色营销时，不仅要满足消费者的需求并由此获得利润，而且要符合环境保护的长远利益，正确处理消费者需求、企业利益和环境保护之间的矛盾，把三者利益协调起来，统筹兼顾。

（四）发展中心论

发展中心论将绿色营销与企业的永续性经营和人类社会的可持续发展联系起来，

认为绿色营销是一种能辨识、预期及符合消费的社会需求，并可带来利润及永续经营的管理过程。

二、绿色营销与传统营销的差异

（一）营销观念的升华

经过近一个世纪的探索和发展，企业的营销观念已从以产品为导向发展到以人类社会的可持续发展为导向，并在此基础上提出了绿色营销观。与传统的市场营销观念相比较，绿色营销观是在20世纪50年代由产品导向转向顾客导向的、具有根本性变革的基础上的又一次升华。绿色营销观与传统营销观的差异主要表现在以下几个方面：

1.绿色营销观是以人类社会的可持续发展为导向的营销观

20世纪90年代以后，由于生态环境的变化，自然资源的短缺严重影响人类的生存与发展，世界各国开始重视对生态环境的保护，企业界则以保护地球生态环境、保证人类社会的可持续发展为宗旨提出了绿色营销观念。

绿色营销观念认为，企业在营销活动中，要顺应可持续发展战略的要求，注重地球生态环境保护，促进经济与生态协调发展，以实现企业利益、消费者利益、社会利益及生态环境利益的统一。企业在营销中，要以可持续发展为目标，注重经济与生态的协同发展，注重可再生资源的开发利用，减少资源浪费，防止环境污染。绿色营销强调消费者利益、企业利益、社会利益和生态环境利益等四者利益的统一，在传统的社会营销观念强调消费者利益、企业利益与社会利益三者有机结合的基础上，进一步强调生态环境利益。

2.绿色营销观念更注重社会效益

企业作为社会的一个组成部分，不仅要注重企业的经济效益，而且要注重整个社会的经济效益和社会效益。

绿色营销观要求企业注重以社会效益为中心，以全社会的长远利益为重点，要求企业在营销中不仅要考虑消费者欲望和需求的满足，而且要符合消费者和全社会的长远利益，变"以消费者为中心"为"以社会为中心"。企业一方面要搞好市场研究，即不仅要调查了解市场的现实需求和潜在需求，而且要了解市场需求的满足情况，以避免重复引进、重复生产带来的社会资源的浪费；另一方面，要注意企业和竞争对手的优劣势分析，以扬长避短、发挥自身的优势，提高市场营销的效果，增加全社会的积累。同时，企业要注重选择和发展有益于社会和人民身心健康的业务，放弃那些高能耗、高污染、有损人民身心健康的业务，为促进社会的发展、造福子孙后代做出贡献。

3. 绿色营销观念更注重企业的社会责任和社会道德

绿色营销观要求企业在营销中不仅要考虑消费者利益和企业自身的利益，而且要考虑社会利益和环境利益，将四者利益结合起来，遵循社会的道德规范，实现企业的社会责任。

（1）注重企业的经济责任

实施绿色营销的企业通过合理安排企业资源，有效利用社会资源和能源，争取以低能耗、低污染、低投入取得符合社会需要的高产出、高效益，在提高企业利润的同时，提高全社会的总体经济效益。

（2）注重企业的社会责任

企业通过绿色营销，保护地球生态环境，以保证人类社会的可持续发展；通过绿色产品的销售和宣传，在满足消费者绿色消费需求的同时，促进全社会的绿色文明的发展。

（3）注重企业的法律责任

企业实施绿色营销，必须自觉地以目标市场所在地所制定的、包括环境保护在内的有关法律和法规为约束，规范自身的营销行为。

（4）遵循社会的道德规范

企业实施绿色营销，必须注重社会公德，杜绝以牺牲环境利益（如对能源的无遏制地使用、对生态环境的污染等）来取得企业的经济利益。

（二）经营目标的差异

传统营销，无论是以产品为导向还是以顾客为导向，企业经营都是以取得利润作为最终目标。传统营销主要考虑的是企业利益，往往忽视了全社会的整体利益和长远利益。其研究焦点是由企业、顾客与竞争者构成的"魔术三角"，通过协调三者间的关系来获取利润。传统营销不注意资源的有价性，将生态需要置于人类需求体系之外，视之为可有可无，往往不惜破坏生态环境利益来获得企业的最大利润。

绿色营销的目标是使经济发展目标同生态发展和社会发展的目标相协调，促进总体可持续发展战略目标的实现。绿色营销不仅需要考虑企业自身利益，还应考虑全社会的利益。

企业实施绿色营销，往往从产品的设计到材料的选择、包装材料和方式的采用、运输仓储方式的选用，直至产品消费和废弃物的处理等整个过程中，都时刻考虑对环境的影响，做到节约资源、安全、卫生、无公害，以维护全社会的整体利益和长远利益。

（三）经营手段的差异

传统营销通过产品、价格、渠道、促销的有机组合来实现自己的营销目标。绿色营销强调市场营销组合中的"绿色"因素，注重绿色消费需求的调查与引导，注重在生产、消费及废弃物回收过程中降低公害，开发和经营绿色产品，并在定价、渠道选择、促销、服务、企业形象树立等市场营销全过程中都考虑以保护生态环境为主要内容的绿色因素。

此外，从影响市场营销的环境因素来比较，传统营销受到人口环境、经济环境、自然环境、技术环境、政治环境、文化环境的制约，而绿色营销除受到以上因素的制约外，还受到环境资源政策及环境资源保护法规的约束。

三、我国企业实施绿色营销的现状及存在的问题

（一）我国企业实施绿色营销的现状

在国内外形势的推动下，我国企业也开始实行绿色营销。主要表现在：

第一，企业的社会责任意识逐渐增强。随着绿色营销观念在我国逐步推广，企业日益认识到，作为社会的一分子，企业应当承担社会责任。而当今激烈的竞争现实，使企业也开始关注其在公众心目中的良好形象。

第二，生产绿色产品已成为部分企业的宗旨。我国不少企业已具有环境意识，同时许多消费者需要健康、无害的产品，因此许多企业已将生产绿色产品作为企业经营的宗旨和竞争的法宝。

第三，一些企业已按环境标准实行清洁生产。例如，海尔集团早在1996年就建立了环境管理体系，并于1997年6月获得ISO14001标准认证。

第四，营销技术绿色化成为越来越多企业的选择。近年来我国有越来越多的企业采用绿色营销技术开展市场营销活动。

（二）我国企业实施绿色营销存在的问题

尽管我国企业实施绿色营销已取得良好开端，但从整体而言，我国大多数企业还不具备绿色营销意识。我国企业实施绿色营销中存在的问题主要有：

第一，企业的市场营销目标停留在刺激消费、追求销量增加的阶段。目前，我国大多数企业的营销工作重点仍是刺激或激励消费者更多地消费产品，甚至是超越实际地过度消费，可见我国企业营销的绿色化尚有待进一步提高。

第二，资源保护尚未成为各类企业的市场营销原则，企业的环境成本意识不强。许多企业至今仍未树立正确的资源观，为了追求利润，一些大量消耗资源的产业仍在大力发展，企业内部的绿色审计制度也未建立起来。

第三，绿色产品尚未成为消费者的首选产品。绿色产品相对而言成本高，因此价格较高。在我国，大多数消费者，尤其是中小城镇与广大农村地区的消费者仍倾向于

购买便宜的非绿色产品。

第四,绿色标志制度尚未引起大多数企业的重视。由于绿色标志制度的非强制性,大多数企业对获取绿色标志兴趣不大。

第五,企业营销手段上尚未有效地引入绿色思维方式等。

以上问题说明我国企业在绿色营销方面任重而道远。

四、企业实施绿色营销的内容与步骤

(一)搜集绿色信息,分析绿色需求

绿色信息包括绿色消费信息、绿色科技信息、绿色资源和产品开发信息、绿色法规信息、绿色组织信息、绿色竞争信息、绿色市场规模信息等。企业应在搜集绿色信息的基础上,分析绿色消费需求所在,及其需求量的大小,为绿色营销战略的制定提供依据。

(二)制定绿色营销战略,树立良好的企业形象

企业为了适应全球可持续发展战略的要求,实现绿色营销的战略目标,求得自身的持续发展,就必须使自己向着绿色企业方向发展。为达到此目的,企业必须制定相应的战略。

1. 绿色营销战略

企业应在开展生产经营活动之前,制定绿色营销战略,包括清洁生产计划、绿色产品开发计划、环保投资计划、绿色教育计划、绿色营销计划等。

2. 绿色企业形象塑造战略

导入企业形象识别系统(corporate identity system, CIS),制定绿色企业形象塑造战略,对于统一绿色产品标志形象识别、加强绿色产品标志管理、提高企业自身保护能力、增强企业竞争意识、拓展市场、促进销售等均十分重要。

(三)开发绿色资源和绿色产品

全球可持续发展战略要求实现资源的永续利用,企业要适应该战略要求,利用新科技,开发新能源、节能节源、综合利用。绿色资源开发的着眼点可放在:无公害新型能源、资源的开发,如风能、水能和太阳能以及各种新型替代资源等;节省能源和资源的途径及工艺的创新,如采用新科技、新设备,提高能源和资源的利用率;废弃物的回收和综合利用;等等。

绿色产品的开发，是企业实施绿色营销的支撑点。开发绿色产品，要从设计开始，包括材料的选择，产品结构、功能、制造过程的确定，包装与运输方式，产品的使用至产品废弃物的回收处理等都要考虑对生态环境的影响。

（四）确定绿色价格

企业在确定绿色产品的价格时，要树立"污染者付费""环境有偿使用"的新观念，把企业用于环保方面的支出计入成本，从而成为价格构成的一部分。企业还应注意绿色产品在消费者心目中的形象，利用人们的求新求异、崇尚自然的心理，采用消费者心目中的"觉察价值"来定价，提高效益。

（五）选择绿色渠道

选择恰当的绿色销售渠道是拓展销售市场、提高绿色产品市场占有率、提高绿色产品销售量、成功实施绿色营销的关键。企业可以通过创建绿色产品销售中心，建立绿色产品连锁商店，设立一批绿色产品专柜、专营店或直销点，来拓展绿色产品的销售渠道。

（六）开展绿色产品的促销活动

1.运用绿色产品的广告战略，宣传绿色消费

绿色产品已进入中国消费品市场，运用绿色营销观念指导企业的市场营销实践已成为必然趋势，其中重要的一环是要推行绿色广告。绿色广告是宣传绿色消费的锐利武器，是站在维护人类生存利益的基础上推销产品的广告，它的功能在于强化和提高人们的环保意识，使消费者将消费和个人生存危机及人类生存危机联系起来，使消费者认识到错误的消费会影响人类的生存并最终落实到个体身上，这样消费者就会选择有利于个人健康和人类生态平衡的包括绿色食品在内的绿色产品。绿色广告可以迎合现代消费者的绿色消费心理。对绿色产品的宣传容易引起消费者的共鸣，从而达到促销的目的。目前在我国，绿色广告作为一种市场营销战略还未引起广大绿色产品生产经营者的普遍重视，因此绿色产品企业应该利用各种广告媒体，推行和运用绿色广告，引导绿色消费。

2.通过绿色公关，开展促销活动

绿色公关是树立企业及产品绿色形象的重要传播途径。绿色公关能帮助企业更直接、更广泛地将绿色信息传播到广告无法到达的细分市场，给企业带来竞争优势。绿色公关的主要对象是客户、环保集团成员、法律团体、一般性团体以及企业内部人员。绿色公关的方式多种多样，可通过一定的大众媒体开展，如演讲、文章、环境保护教

材及资料、有声音像材料、信息服务中心等。企业还可通过某些有关的公关活动来宣传企业的绿色形象，如通过绿色赞助活动及慈善活动等开展与环境有关的有价值的公关活动。

3.进行绿色人员推销和销售推广

人员推销是企业主要的促销通道。要有效地实施绿色营销策略，推销人员必须了解消费者对绿色消费的兴趣，回答消费者所关心的环保问题，掌握企业产品的绿色表现及企业在经营过程中的绿色表现。绿色销售推广是企业用来传递绿色信息的补充促销形式，通过免费试用样品、竞赛、赠送礼品、产品保证等形式来鼓励消费者试用新的绿色产品，以提高企业知名度。

（七）实施绿色管理

所谓绿色管理，就是融环境保护的观念于企业的经营管理之中的一种管理方式。一方面，通过建立企业环境管理新体系，将强制企业搞好环境保护工作变成企业自觉搞好环保工作；另一方面，通过全员环境教育，提高企业保护环境的能动性。实施绿色营销涉及企业生产经营活动过程的各个方面，需要企业全体人员的积极参与。公司决策者应通过学习，了解本国和他国有关规定以及有法律约束力的国际环境协议的内容，以便对公司的发展项目和产品生产做出决定；技术专家需要不断学习新的环境技术以设计废物处理装置和污染控制设备，重新设计生产过程，不断减少污染和污物产量，提高生态效率；对生产第一线的员工进行教育和培训，使其掌握清洁生产的技术和绿色营销的方法。

五、绿色营销和可持续发展

营销环境的变化，既给企业创造了营销机会，又带来了威胁。可持续发展可以从五个方面寻求实现途径：人口、环境、资源、技术和制度。这五个因素既是可持续发展的影响因素，又是企业市场营销环境中的重要因素。可持续发展已成为全球关注的战略问题，国际组织、政府、公众、消费者等有关组织和人员都在行动。毫无疑问，随着可持续发展战略的实施，人们的生产方式、消费方式、价值观念都会发生很大变化，企业在市场营销活动中，必须顺应可持续发展的要求，注重地球生态环境保护，促进经济与生态协调发展，以实现企业利益、消费者利益、社会利益及生态环境利益的统一。

（一）可持续发展的人口战略与绿色营销

人口是影响和制约市场营销活动的重要因素。可持续发展的人口战略包括控制人口规模、提高人口素质、引导可持续消费等内容。绿色营销必须对人口因素进行研究，探索如何寻找市场机会和适应可持续发展的人口战略。

1.控制人口规模与绿色营销

实现可持续发展要求控制人口规模，使人口与资源、环境和社会可承受力相协调，即保持最适度人口。控制人口规模的政策的实施会改变人口结构，改变人口分布，从而改变消费结构、消费的区域特征。绿色营销应该适应这种变化，而且还要研究人口的长期趋势，为持续营销提供理论依据。

2.提高人口素质与绿色营销

可持续发展要求提高人口素质，一要提高教育水平、增强创新能力，二要加强可持续发展伦理、道德观念的宣传教育，提高民众的环境意识、资源意识。为配合可持续发展战略，绿色营销应适应人口素质政策，向人们提供安全、健康、无污染的产品，并向营养、保健、医疗、教育等方面投资，寻找市场机会，全面提高人的身体素质和文化素质，倡导绿色文化，关注人的价值，全面提高人的生活质量。

3.引导可持续消费

消费习惯和消费方式在某种程度上制约和引导着企业的生产活动。消费者需求是原生需求，企业对生产资料的需求是派生需求。因此，消费习惯、消费观念决定了各种产品的具体形式和比例（即消费结构）。人类的消费模式对环境和资源这两个可持续发展的生态因素有重大影响。

营销是生产和消费的中介。生产和消费是互动的关系，而营销在其中应发挥协调作用，促进生产和消费方式适应可持续发展的要求。从目前来看，可持续消费要求降低对资源依赖性较强的低层次消费，增加对人类劳动依赖性较强的高层次消费，减少对环境不利的产品的生产和消费。

（二）可持续发展的环境战略与绿色营销

环境问题的提出和解决对市场营销提出了新的挑战，绿色营销正是在环保时代背景下产生的。环境因素是可持续发展的重要组成部分，必须纳入经济发展体系之中。可持续发展的环境战略对企业市场营销活动产生了深刻影响，要求企业进入绿色营销时代。

第一，随着环境问题的恶化、消费者环保意识的增强，越来越多的消费者趋于追求绿色产品，追求产品的安全性、健康性、无害性，这要求企业生产和销售绿色产品。

第二，环境问题要求企业改变生产技术，采用无废工艺，减少对环境的污染，在生产和消费过程中，减少对环境的干扰。

第三，环境问题对企业的成本产生了影响。在环境导向下，企业需要或必须采用新工艺、新设备、新材料，寻找替代资源，研制和开发新技术等，这些都会增加企业的投入和成本。同时，企业在经营过程中会对环境造成污染，即使环境可以吸纳和自净，企业也必须付费，这也会增加企业的经营成本。

第四，环境问题也会给企业带来市场机会。由于消费者的绿色意识不断增强，注重环保问题的企业会获得竞争优势，例如，英国14家最大的绿色公司平均税前利润达31%，远远超过非绿色企业的水平。国家和政府对环境问题的解决也可能给企业带来市场投资机会，如环保产业、医疗卫生等产业会产生新的市场机会。消费者环保意识的增强产生了高层次的需求，给企业提供了新的生产领域和市场机会。

可持续发展的环境战略的思路包括市场机制和国家干预。市场机制有两种具体思路：一种是强调市场机制的作用，认为环境污染所产生的外部性，可以通过征税形式使之内部化；一种是产权管理思路，强调在环境问题上通过界定产权，使外部性内部化，从而控制污染。国家干预思路则是从非市场途径对环境问题进行干预。可持续发展的环境战略要求企业把环境问题作为企业重要的决策变量（无论是通过市场机制使环境问题内部化，还是国家从外部进行强制干预），对整个供应链进行改造，使之适合可持续发展的环境要求。

（三）可持续发展的资源战略与绿色营销

可持续发展的资源战略要求企业进行绿色营销，树立新的资源观；在进行经营活动时，加强对资源的养护和综合利用，在资源的开发利用中实行节约，建立资源节约型的生产、运输和消费体系；发展资源替代，用相对丰裕的资源替代相对稀缺的资源。在绿色营销中，企业要特别注意引导消费观念、倡导和建立科学合理的消费模式，实现消费中的替代，即以某种产品替代另一种产品。

可持续发展的资源战略离不开国家层面的支持，如加强立法与执法，把资源开发利用纳入法治轨道；推进资源价格的合理化，发挥市场对自然资源的配置作用；调整产业结构，建立节约型的社会经济体系，实行资源核算。这些政策的实施，都会改变企业的市场营销环境，要求企业进行绿色营销，树立新的资源观。

（四）可持续发展的技术战略与绿色营销

为实现可持续发展战略，企业必须在绿色营销观念指导下，进行技术创新，向高新技术产业以及与可持续发展相关的产业进行投资，增加产品附加价值，培育和开拓高新技术市场，推行清洁生产，开发环境友好产品。

（五）可持续发展的制度安排与绿色营销

实施可持续发展的制度安排包括征收环境费制度、环境税制度、财政刺激制度、排污权交易制度以及环境损害责任保险制度等。这些制度安排都迫使企业必须进行绿色营销，减少对环境、资源的损害，同时减少成本（各种制度安排都会增加对环境产生污染的企业的经营成本，从而减少其竞争力），提高竞争力。

综上所述，可持续发展战略要求企业把人口、资源、环境、技术和制度等因素纳入企业决策和管理体系，进行绿色营销，协调好需求、环境、资源和企业经营目标之间的关系，以实现生态、社会、经济的可持续发展和企业持续经营的双重目标。可见，绿色营销是可持续发展的要求，可持续发展是绿色营销的理论基础，可持续性是绿色营销的核心概念。

第三节　知识营销

20世纪70年代以来，伴随着高新科学技术的迅猛发展，尤其是计算机、信息技术及其产业化革命的浪潮，一种新型的经济形态——知识经济，开始迅速发展。在一些发达国家，知识经济已经开始替代工业经济。《商业周刊》在1996年底发表的文章认为美国目前已经开始了新经济，即知识经济，自1993年以来，美国经济的75%是由知识信息产业带动的，21世纪人类将进入知识经济时代。

知识经济是和农业经济、工业经济相对应的概念，信息化和网络化是其两大特点。知识经济是基于知识资源的开发和利用的一种新型经济形态，并成为关键性的战略资源和经济增长的重要动力。知识作为一种经济资源不同于一般的物质资源，它具有以下特点：一是非消耗性，运用越多，成本越低；二是共享性，不受时空的局限，不具排他性；三是非稀缺性，可以无损耗使用而产生更多；四是易操作性，易于传播和处理。

一、知识营销的内涵

（一）知识营销是创新营销

在知识经济中，技术创新、制度创新、观念创新、产品服务的创新成为企业生存和发展的根本。丰富多彩、不断发展的个性化消费需求导致生产技术日新月异，使得产品和技术的生命周期迅速缩短。激烈的竞争环境和全球化市场要求企业为顺应社会飞速发展的要求，不断创新，从创新中求生存，在创新中求发展。应用知识、添加创意不仅用于企业的生产，同时也应用于企业的市场营销战略之中。不断地创造新的市场营销方法和市场营销策略，做到出奇制胜，是21世纪企业市场营销的灵魂。

创新营销主要包括营销观念创新、营销产品创新、营销组织创新、营销渠道创新等几个方面，而其中观念的创新是根本。企业唯有与时俱进，不断更新其营销观念和指导思想，方能在市场营销活动中取得成功。20世纪90年代出现的权力营销观念、关系营销观念、整合营销观念都是营销观念创新的成功案例。产品的创新是创新的起点，新产品创造新市场。组织创新是营销创新的制度基础；渠道的创新是实现营销创新的中间环节。

（二）知识营销是合作营销

知识经济条件下的合作型竞争要求企业在进行市场营销活动时应特别注重与同行、客户和供应商等的合作。知识具有共享性，大家在共享知识的同时进行合作，又能创造更多的知识。大家应在合作中共同开发市场，创造良好的市场营销条件，而不是像过去互相拆墙，互相攻击。

创新和合作是知识经济时代企业的思维方式。高度发达的信息系统和互联网已经为合作提供了良好的物质技术基础。企业进行市场营销应特别注重借助这些高科技手段主动与客户交流。只有真正做到对客户关怀备至，企业的市场营销管理才能适应时代发展的要求。

在合作营销中，企业与消费者的关系已经突破了传统营销的主动和被动关系，二者通过网络可直接进行交互式交流，实现信息共享。企业可以建立消费者信息档案，根据消费者需求来生产，实行"定制销售"和"零库存销售"，既满足消费者的需求，又节约社会资源。因此，合作营销是实现社会资源优化配置的必然要求，是21世纪营销的主题。

（三）知识营销是学习营销

西方学者认为，知识经济时代人类进入了学习社会，即学习意识普遍化和学习行为社会化的社会，人类将由此跨入知识普及和创新的时代。学习社会的到来、知识和信息的大爆炸决定了知识经济时代的市场营销是学习营销。学习营销主要包括以下两个层面的内容：

一是企业向消费者和社会宣传其智能产品和服务，推广普及新技术。由于知识型产品技术含量高、专业性强、功能复杂，消费者不可能具备足够的百科知识来识别自己的需求，从而难于购买和消费。在这种情况下，企业就必须进行学习营销，实现产品知识信息的共享，消除顾客的消费障碍，从而扩大市场需求。

二是企业向消费者、同行和社会学习。企业在进行市场营销的过程中应不断地向客户及其他伙伴学习，发现自己的不足，吸取好的经验方法，补充和完善自己的市场营销管理过程。

因此，学习营销是一个双向过程，互相学习、互相完善，最终达成整体的和谐。

（四）知识营销是网络营销

互联网作为跨时空传输的"超导体"媒体，可以为世界各地的消费者提供及时的服务，同时互联网的交互性更加有利于供求的适时平衡。网络营销主要是通过在互联网上建立虚拟商店和虚拟商业街来实现的。虚拟商店又称为电子空间商店，它不同于传统的商店，不需要店面、货架、服务人员，只要连通互联网，就可以向全世界进行市场营销活动。它具有成本低廉、无存货样品、全天候服务和无国界区域界限的特点。

另外，在网络上进行广告促销、市场调查以及收集信息等都是网络营销的范围。互联网为企业和消费者建立了一个即时反映的交互式信息交流系统，拉近了企业与消费者之间的距离，带来了市场营销的一场革命。网上贸易具有快捷、准确、主动、生动、丰富和直接等优点，具有很好的发展前景。

（五）知识营销是绿色营销

由于知识资源的特殊性，消费日益健康化、自然化，知识经济将创造人类新型的生态文明。在知识经济时代，人类更加重视生态文化。各国政府将更加注重保护自然资源和生态环境，实现可持续发展。WTO及国际标准化组织等国际机构更加注重绿色贸易规则的制定。

国际标准化组织制定的国际环境管理系列认证标准 ISO14000 和绿色标志，将成为企业下个世纪市场营销的通行证。所以，企业在进行知识营销时应特别重视绿色概念，开发绿色产品，实施绿色营销组合策略，比如在定价时加入生态环境成本核算，树立绿色产品形象；同时在市场营销策略上注重绿色情怀，关心生态，健康营销。这样，企业才会得到社会的肯定和顾客的信任，企业营销也将取得良好的社会效益和经济效益。另外，企业应该积极申请 ISO14000 和绿色标志认证，取得 21 世纪绿色营销的"合格证"。

（六）知识营销是全球营销

知识经济时代是全球一体化的时代，高度发达的信息技术将全球各地联成一体。同时知识经济的发展正在逐步消除国与国间的经济和文化障碍，推动世界经贸一体化。

世界是一个大村庄，所有的企业都在这个村庄中进行生产和市场营销活动，即使不参与国际竞争，也会受到外来企业的挑战。因此，此时的市场营销应该有全球概念，注意区别国际文化差别，把握全球经济动向，做到高屋建瓴，从一开始就以全球市场为导向和目标，只有这种市场营销战略才能适应知识经济浪潮的挑战。

二、知识营销的发展趋势

（一）传统的生产经营型企业将逐渐向现代的知识型企业转变

1. 从生产方面来看

知识要素的作用和地位在生产要素的投入中越发重要。对人才的培养、激励创新以及智能开发等方面都是知识投入的表现内容。企业在生产方式上大量引进智能型工具，采用适应性强、个性化突出、灵活多变的柔性作业方式，生产出知识含量相对较高、多样化的产品，进而满足多结构、多层次、多方向的特殊需要。在产品形式上，企业生产出来的不仅是知识主导型产品，而且更为重要的是无形产品呈现"轻型化"，附加值成倍提高。

2. 从销售方面来看

企业生存和发展的关键在于能否为消费者提供使其感到满意的商品和服务，这也是企业的目标之一。企业在推销自己产品的同时，还应当向社会传播与其所推销产品相关的知识和技能，这样不仅能使公众在购物中获取直接的利益，还能使公众得到相关文化和知识的熏陶。

3. 从信息技术的发展方面来看

当今信息技术处于巅峰时期，互联网的介入与应用为市场提供了一种崭新的营销方式。因此，企业管理应当对其组织结构以及管理模式、生产经营规模、员工各方面素质等问题进行思考，以便在较短时间内适应市场的发展，争取把企业调整成善于学习和运用新知识的学习型组织。

（二）传统的营销产品逐步被知识型产品替代

消费者知识智力水平在知识营销时代得到了普遍提高，随着消费观念的不断更新，其相应的消费层次也有所提高，间接推动了消费结构的进一步优化，使这一时期的消费趋向于智能化、个性化、健美化和全球化。

需要特别指出的是，随着互联网的建立与使用，消费者的生活方式正在被悄悄地改变，即消费者可以利用互联网来订票、学习、购物等。这对营销者而言无疑是一个巨大的挑战，需要营销者既具备营销技巧，又熟悉产品，以便使消费者能够对产品有较为深入的了解。在营销过程中，如果营销者对其所推销的产品本身的功能、技术含量以及维修知识都了解得不够透彻，那么在产品销售出去之后，营销者便不能为消费者提供良好的售后服务，从而导致消费者对该产品的性能以及价值产生怀疑，损坏企业的良好形象。

（三）知识产权保护意识和要求日益增强

人的知识结构和创新能力在知识营销过程中首先被转变。人们之所以不能在工业经济时代摆脱资本的束缚，其主要原因在于工人的创新能力和技术水平在当时都比较有限，他们仅限于简单的劳动或重复的机械劳动，没有在智力劳动方面得到提高。但在知识经济时代就出现了较大差异，无论是产业结构、产品结构，还是人们的消费结构、需求结构都向知识型转化，知识共享决定了人们对知识产权的保护意识和保护要求，将在知识经济时代得到进一步增强。人的智力、知识，在知识营销过程中成为重要资源，但正是由于知识的不断更新以及技术寿命的不断缩短，人们越发关心，甚至担心现有的知识保护机制的有效性。

除此之外，人们在开展知识营销时还特别关心一些问题，如自己的智力资本在企业和社会体现多少价值，以何种价值来体现，能否得到合理承认与保护等。因此，知识营销的客观需要是重视知识、重视知识人才。为了更好地开展知识营销，国内外的企业以及个人都十分重视知识的学习和应用。

（四）知识管理将成为实施知识营销战略的关键

1.人力资源的投资、开发、管理、运用

对于企业而言，内部员工的整体知识能力、创新能力、工作技巧以及合作能力等，都是其十分宝贵的知识资源。但这些宝贵的知识资源并非都集中在某一个人的身上，而是蕴含在每一个员工身上。那么，如何将这些宝贵资源开发出来则是知识管理的主要任务，在此基础上还需要考虑如何为那些潜在资源的挖掘创造机会和条件。这并不等同于一般的员工劳资管理和培训，其更注重的是员工内在的需要。

2.知识资源的采集、创新、延续、使用

知识管理应当将市场作为核心，将围绕市场的各种组织全面协调统一起来，将企业内部与外部知识高度结合起来，最终达到优化经营的预期效果。知识管理从某种意义上是将现阶段企业管理模式中出现的技术开发、信息管理以及市场的分销等职能部门被分割的情况予以解决，将信息、技术、营销战略以及人力资源四部分进行适宜整合，使它们充分发挥作用。

3.企业文化的提炼、形成、推广

体现企业内在发展动力的资产包括企业的经营方式、管理方法、文化、形象以及

信誉等。知识管理要通过影响企业员工的工作态度和行为建立开放和信任的企业内部环境，从而使员工自愿合作并共享和开发知识资源。同时向社会传播企业文化，塑造企业形象，创造良好的营销环境，增加公众心目中的企业价值。

第四节 关系营销

传统的市场营销理论认为，市场营销理论的实质是企业利用和组合内部可控因素（产品、价格、渠道和促销等），对外部不可控因素及时做出积极反应，从而达到服务顾客、促进产品销售的目的。20世纪90年代以来，西方国家许多产业领域广泛采用了一种全新的市场营销概念和方法——关系营销。

一、关系营销的概念

关系营销的概念最初在20世纪80年代被提出。最早的定义是伦纳德·贝瑞提出的：关系营销是吸引、维护和增进与顾客的关系。关系营销理论最早应用于工业市场上，其重要的理论基础是社会交换理论、企业行为理论和技术交换理论。同时，它吸取了系统论、协同论、传播学等相关学科的重要思想。后来，关系营销理论被广泛地应用在工业、商业等多个产业领域。

关系营销，即以系统的思想来分析企业的市场营销活动，认为企业的市场营销活动是企业与消费者、竞争对手、供应商、分销商、政府机构和社会组织相互作用的过程，市场营销的核心是正确处理企业与这些个人和组织的关系。采用关系营销的企业进行市场营销活动，其重点不是在创造购买，而是在建立各种关系。关系营销是创造买卖双方相互长期依存关系的方法和艺术。

关系营销具有以双向沟通为原则的信息交流、以协同合作为基础的战略运行、以互利互惠为目标的营销推广、以反馈协调为职能的管理方针的本质特征，着眼点放在卖方如何稳定顾客资源，提高其对企业和品牌的忠诚度，以期取得长期的盈利和发现新的需求。关系营销更好地抓住了现代市场营销的实质，是对市场营销的发展和深化。

二、用关系营销的思想整合企业的市场营销

关系营销的作用就在于用一个宽广的视野谋求相关群体的长久支持，这种思路对于面临着不确定性的企业市场营销来讲具有重大的实用价值，具体表现在以下几个方面：

（一）促进企业资源整合

关系营销所强调的宽视野正是将企业放在一个关系复杂的企业生态链中，全面考察企业的市场营销环境与市场营销客体，并努力探讨企业的市场营销措施如何影响与改变整个企业的生态链结构与效率，进而协调各种关系，以期求得企业所能调动资源的效率的最大化。企业在供货商市场中寻求原材料、半成品、劳动力、技术、信息等资源的合理配置；在分销商市场中寻求合理资源配置并取得市场基础的强力支持；在内部员工市场中寻求员工的协作以实现在资源转换过程中的最大化；在竞争者市场中寻求资源共享和优势互补；在影响着市场中寻求无形资源对企业市场终端的强力推动；等等。这些努力最终将增强企业的竞争实力，进而获得顾客资源。

另外，从顾客价值的角度来看，企业的相关市场也参与了顾客价值的创造与传递过程。这种描述进一步扩展了顾客价值创造的空间，将传统的企业内部的价值创造跃升为全部关系方都参与的过程。

（二）增强企业的信息获取能力

关系营销强调信息的双向流动与反馈。一方面，企业将信息传递给相关群体；另一方面，相关群体也通过企业建立的相关渠道向企业反馈信息。通畅的信息交流与反馈渠道是增强关系的纽带。同样，良好的关系进一步增强了信息与情感的交流。这种良好的关系拓展了企业的边界，将相关群体纳入企业的经营，有利于企业在风云变幻的技术市场中获得真实的市场数据，及时做出反馈，有效把握机会，规避风险。同时，良好的信息交流与反馈机制也可以造就良好的顾客关系，良好的顾客关系也可以帮助企业长久地留住顾客，获取顾客的终身价值。

（三）增强企业竞争能力

在传统的观念中，企业处在一个敌对的环境中。企业与供应商、企业与经销商、企业与竞争者、企业与内部员工，甚至企业与顾客都是敌对的。关系双方为了获得自身的最大利益，努力挤压对手的利益空间。但是高技术的特性使得单个企业往往无法独自完成某项技术创新。成本高昂或贻误时机都会给企业带来毁灭性的打击；而且在制定行业标准时，单个企业也往往无能为力，必须得到多个关系方的支持。因此，企业摒弃狭隘的竞争策略，逐渐采纳了竞合的观念，既竞争又合作，在竞争中求合作，

在合作中有竞争。

企业与供应商、经销商结成战略同盟，一荣俱荣，一损俱损；企业与竞争对手合作研发，降低成本，共同开发市场渠道，互惠互利；企业与内部员工形成新的契约关系，更好地吸引和留住人才；企业与顾客保持长久关系，赢得顾客终身价值；企业与政府合作，争取政府的政策支持，增强开拓市场、抵御风险的能力。

三、营销客户管理

20 世纪 90 年代初，美国的许多企业为了满足日益激烈的市场竞争的需要，开发了销售力量自动化系统（sales force automation, SFA），随后又着力发展客户服务系统（customer service system, CSS）。20 世纪 90 年代后期，一些公司开始把 SFA 和 CSS 两个系统合并，再加上营销策划、现场服务，并综合计算机电话集成技术（computer telephony integration, CTI）形成集营销和服务于一体的呼叫中心（call center），逐步形成了客户关系管理（customer relationship management, CRM）系统，从营销角度考察，也称为营销客户管理系统。

CRM 的核心内容是通过不断改善与客户关系有关的企业销售、市场营销、客户服务等业务流程，提高各个环节的自动化程度，以缩短销售周期、降低销售成本、扩大销售量、增加收入与盈利、增加市场份额、寻求新的市场机会，最终从根本上增强企业的核心竞争力。

CRM 借用交互的交流渠道及电子商务技术，简化了营销、销售、洽谈、服务、支持等各类与顾客相关联的业务流程，将企业的注意力集中于满足顾客的需要上，将传统的面对面、电话及 web 访问等交流渠道融合为一体，企业可以按顾客的个性化喜好使用适当的渠道及沟通方式与之进行交流，从根本上提高营销者与顾客或潜在顾客进行交流的有效性，有助于企业全面了解顾客的个性化需求。

第六章　市场营销战略的构建路径研究

第一节　树立"满足消费者个性需求"的市场营销理念

市场营销理念能否与时代发展大背景相统一直接关乎战略的合理性,企业市场营销战略路径的构建过程亦是如此,在实践过程中必须将其放在首要位置。下文围绕树立"满足消费者个性需求"的市场营销理念的实践操作作出相关论述,并将其细化为以下三个方面:

一、端正市场营销态度

正所谓"态度决定一切",在任何时代背景下,企业市场营销都必须有明确而又端正的态度,这无疑是企业市场营销战略始终能够高效运行的前提条件。企业必须以端正的态度作为支撑,才能树立与时代相统一的市场营销战略理念。

在新经济背景下,企业市场营销战略水平的全面提高,最直接的表现就是企业可持续发展的动力得到进一步增强,其动力来源就是消费者的需求能够尽可能得到满足,由此企业在品牌推广和产品设计、研发、生产、销售环节始终拥有可持续拓展空间。在这里,以目标市场消费人群作整体,企业在关注市场的同时,关注的焦点要落在消费者需求上,进而才能不断提高品牌和产品在各种渠道中的关注度。

接纳新事物显然是个体面对时代发展大环境时的良好态度的体现,企业要接纳目标市场个体出现的独特想法、传递的独特观点、呈现的独特需求。

二、树立市场营销意识

一套完整的市场营销战略的形成需要经历多个阶段,并非单纯从实践层面不断进行深入探索就能实现。如果说端正市场营销态度是基础中的基础,那么树立与时代发展大背景相统一的市场营销意识就是重中之重,是企业在目标市场赢得广阔发展空间所必须具备的素质。

(一)将消费者的总体需求放在首要位置

消费者通常都是通过企业推广的产品去了解品牌、认识品牌、依赖品牌,因此也会向企业反馈各种建议与意见,其中不乏具有整体性特征的建议与意见,是企业实现品牌市场和产品市场最大化的有力依据。高度关注消费者的建议与意见,能够确保企业满足目标市场消费者的整体需求,让企业的市场营销战略始终处于最优状态并拥有强大的支撑条件。

(二)将消费者的特殊需求作为重要补充

关注目标市场消费者的整体需要具有一定的片面性,全面关注消费者必然包括有特殊需求的消费者,其反馈的建议与意见无疑具有一定的代表性,同时关于产品和品牌的需求也会具有一定的特殊性。

三、"满足消费者个性需求"的市场营销理念贯穿全程

在新经济背景下,市场营销战略的准备阶段包括三项基本内容:一是根据市场发展特征细分市场,二是结合企业当下乃至未来的发展确立目标市场,三是明确企业在目标市场的竞争优势。企业应结合广大消费者的消费心理和消费习惯的形成规律,进行详细的市场划分,了解消费者的普遍需求和特殊需求。

无论是在品牌推广方面,还是在产品推广方面,企业都应考虑品质的重要性。企业不仅要在产品价格上作出准确定位,还要进行客观的品牌定位,确保产品自身的价格、功能性、实用性、美观性、价值性能够维持高度平衡的状态,并且通过多种促销手段进行产品销售,让"高性价比"成为品牌自身的优势所在。在此期间,无论是在市场营销组合方面,还是在产品组合方面,企业都应以"满足消费者个性需求"为前提。

第二节　实施深度的市场调研与大数据分析

企业在目标市场的品牌影响力和产品市场占有率等是评价企业市场营销战略水平的重要评价指标，能够客观体现企业市场营销的总体状态，并为企业未来进行战略优化和战略调整提供有力的指导。对此，在市场营销战略构建过程中，实施深度的市场调研与大数据分析成为至关重要的一环，也是企业纵横市场必不可少的前提条件。

一、企业目标市场品牌推广的深度调研

从企业实现发展目标的必然条件出发，品牌战略必然发挥至关重要的作用，关乎企业当下乃至未来发展的成与败。因此，市场营销战略体系的构建必须将企业目标市场品牌推广的深度调研作为重要一环。

（一）品牌知晓度市场调研

从企业发展的宏观角度来看，品牌是否具有特色，通常可以通过目标市场的消费者对品牌的了解程度来体现。也就是说，一个有特色的品牌在目标消费者群体中的知名度会比较高。此外，品牌特色的体现也是企业市场营销战略是否成功的客观表现，即企业的市场营销活动是否有效地传达了品牌的独特价值，使消费者对该品牌有较高的认知和认同。在市场营销战略体系构建过程中，企业必须广泛了解品牌在目标市场中的知晓度，通过访谈和实地观察两种方法进行市场调研活动，并将调研结果进行记录。

（二）品牌满意度市场调研

目标市场消费者普遍知晓企业品牌并不意味着对品牌的满意度高。有效进行市场调研活动无疑有助于企业在品牌推广阶段找到更好的方法，去提高消费者对品牌的满意度。企业可通过线上和线下问卷调查的形式开展市场调研活动，并将所有问卷调查结果进行整理和存储，为大数据分析提供重要的信息来源。

二、企业目标市场产品推广的深度调研

产品推广作为市场营销战略的重要组成部分，也是目标市场的广大消费者充分感

知企业产品，并有效了解和加深对企业品牌印象的重要载体。因此，在市场营销战略的构建过程中，企业目标市场产品推广的深度调研活动就成为不可或缺的一部分，并为企业新产品的设计、研发、生产提供市场支撑。

企业在进行产品推广的过程中会采用各种促销手段，最终目的是让更多的人关注产品，并且参与产品体验。目标市场消费者参与产品体验的数量，以及体验过程中的感受显然成为决定性因素。对此，企业必须委派固定的工作人员进行线上和线下的问卷调查，并将其问卷调查结果进行全面收集、整理、归纳、存储，为企业进行产品推广提供依据。

从市场调研的形式来看，线上和线下的问卷调查作为一种常用的方式，不仅受众范围广，在最后的建议与意见栏中，消费者还可以将自己最真实的想法表达出来。但该方法绝不是市场调研活动唯一的方法，访谈法和实地观察法都可以作为市场调研活动的主要方法。特别是访谈法有助于消费者更加全面地表达自己的意见与建议。因此，企业在进行目标市场产品的深度调研过程中，可以针对产品的价格定位、促销手段、质量与服务等多个方面，引导消费者说出内心最真实且最具体的意见与建议，并详细地记录。

三、企业目标市场品牌与产品推广情况的大数据分析

企业需要深度了解目标市场品牌与产品推广的情况，如果不对市场调研结果进行全面而又深入的分析，那么市场调研活动就失去了价值，市场营销战略的及时优化与调整更是无稽之谈。

新经济时代的到来与网络信息技术的飞速发展密不可分，后者成就前者的同时，前者也促进了后者的发展。大数据分析成为企业深度分析目标市场品牌与产品推广情况最有利的手段。企业要从市场中选择专业的大数据分析技术，建立专属于企业市场营销领域的大数据库，力求全面收集、处理、存储目标市场品牌推广和产品推广的深度调研结果，为有效开展大数据分析提供理想的平台。

企业引进大数据技术后，在对目标市场品牌与产品推广情况进行全面收集、处理、存储的基础上，将已经处理好的数据（问卷调查和访谈结果的归纳与数字转化等）进行系统性分析，明确在产品体验过程中消费者的普遍心态、个别心态；明确在目标市场品牌推广过程中，消费者知晓该品牌的途径、了解品牌的深度以及对品牌依赖的程度；明确消费者普遍提出的意见和建议是什么，个别消费者针对品牌关注的焦点是什么，再将数据进行深度挖掘，从而了解企业目标市场品牌与产品推广的实际情况，并为合理优化和调整市场营销策略提供有力的指导。

第三节 利用信息技术拓宽市场营销渠道

信息技术作为促进各行各业、各个领域发展的重要工具,发挥着至关重要的作用,企业应依托信息技术实现市场营销渠道的全面拓展。

一、建立网络平台,充分利用资源

信息技术全面发展是推动时代进步的中坚力量,将给各行各业都带来益处,这种益处主要体现在高度的资源共享和高效的资源利用上。在市场营销领域,信息技术具有极其重要的地位。

如图 6-1 所示,企业通过建立网络平台实现资源的充分利用。网络平台主要分为企业层、部门层、公共层三个层面。

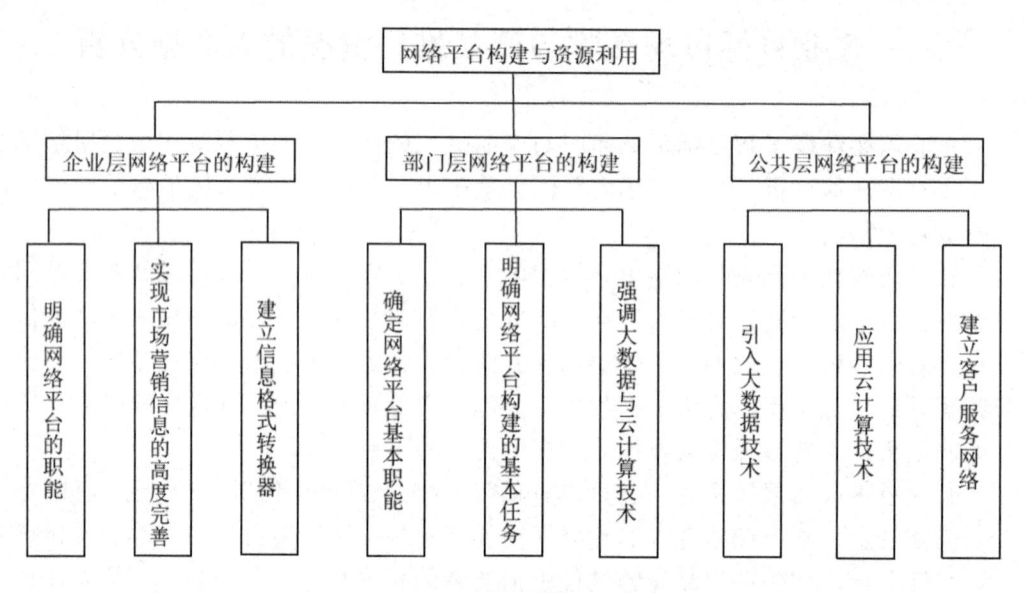

图 6-1 网络平台构建和资源利用

(一)企业层网络平台的构建

在市场营销活动全面开展的过程中,要以企业为主导,各部门通力合作、大力配合,这样才能有效衔接各个环节,实现市场营销活动的全面开展。因此,在信息技术有效应用于市场营销活动新渠道的拓展过程中,企业层面的高度重视必须放在首位,网络平台的构建更是如此,进而确保高质量、全方位地应用市场营销资源。

1.明确企业层网络平台的职能

企业层网络平台的构建显然是企业市场营销平台的最高层,囊括的职责和功能更加全面,既体现在公共信息的安全存放方面,也体现在合理调配各个部门市场营销活动所需要的信息方面。这就意味着企业层网络平台的构建必须先确立完善的信息存储模块以及信息管理模块,只有这样才能确保企业内部各个部门市场营销活动的所需信息能够得到有效存储,实现高效率的调配。信息存储模块要体现信息的归纳与整理功能,信息管理模块要体现结构性功能,力保企业的市场营销活动信息能够第一时间进入市场营销流程的各个环节。

2.实现市场营销信息的高度完善

企业应在明确企业层网络平台基本职能的基础上,将其信息加以完善,主要包括两部分:一是企业官网中的品牌和产品信息,二是营销区域内的相关活动信息。前者主要是向公众和消费者传递企业在品牌打造和产品研发中,在哪些方面作出了调整,并取得了哪些成效。后者则是向公众和消费者明确有哪些品牌活动和产品优惠活动值得思考,确保市场营销活动能够提升品牌的影响力,以及旗下产品所具有的市场竞争力。

3.建立信息格式转换器

众所周知,网络平台在信息格式方面具有较高的要求,通常只能兼容几种信息格式,除此之外的信息格式平台往往不能识别,这显然不利于企业层网络平台进行全方位网络信息存储和管理,更不利于企业各部门在市场营销活动中高效使用信息资源。对此,建立信息格式转换器,确保各类信息在企业层网络平台中的相互兼容,显然成为该层网络平台构建的关键一环,同时也是市场营销全流程各个环节有效开展的重要保证。

(二)部门层网络平台的构建

部门层网络平台作为企业层网络平台的下属平台,不仅以企业层网络平台为基础,还要对其进行系统的完善,进而保证部门层网络平台可以为市场营销活动的全面开展提供强有力的支撑,同时确保各个部门在市场营销实践活动中,具备更多可共享的信息。

1.确定网络平台基本职能

从企业市场营销战略层面出发,各个部门作为战略实施的主体,需要通力配合方可实现战略实施效果的最大化,信息无疑从中发挥着串联各个部门,确保各个部门职能充分发挥的作用。因此,在部门层网络平台的构建中,必须先确定该网络平台的基本职能,确保各个部门内部不仅有充足的可用信息,还可以获得促进其他部门顺利开展市场营销活动的信息。这显然是企业市场营销活动中，部门层网络平台必须具备的基本职能。

2.明确网络平台构建的基本任务

网络平台构建的基本任务主要应包括两个：一是将各个部门市场营销活动中的数据进行系统化的挖掘与整理；二是将整理好的数据进行系统化的处理、存储、分析。前者是确保信息完善的根本，其中包括各个部门内部工作人员的基本信息，以及各个部门工作流程所需要的具体信息。后者针对已经挖掘和整理的信息进行深加工，将其有效整合的同时进行系统化存储，为部门信息再开发提供依据。

3.强调大数据与云计算技术的有效使用

大数据技术为数据的捕捉、整理、处理、存储等提供重要的技术保障，而云计算技术主要针对数据进行统计与分析，让数据的挖掘能够拥有更为清晰的指向，从中确保部门层网络平台在市场营销战略实施全过程中，拥有更多高质量的信息资源。

（三）公共层网络平台的构建

市场营销的根本目标就是要让品牌能够在市场中更好地生存下去，并且始终不断发展壮大，让产品能够被更多的人所接受，实现企业利益最大化和可持续发展。特别是在新经济背景下，品牌占据市场并且让产品受到广泛的青睐必须有完善的互联网平台作为保障，公共层网络平台的构建就成为不可缺少的一环。具体操作主要体现在以下三个方面：

1.引入大数据技术

大数据技术在信息完善与管理中十分重要。在市场营销活动中，市场发展动态、公众与消费者对品牌的了解，以及产品的需求都需要企业进行全面而又及时的解读与分析，信息捕捉和管理自然成为市场营销活动的重中之重。公共层网络平台不仅要将捕捉到的数据进行整理与存储，还要对其进行系统化的分析，并确定数据深层挖掘的方向，保证企业市场营销战略调整角度的准确性。

2.应用云计算技术

云计算技术是针对海量信息数据进行计算的工具，是信息技术发展进程中具有时代意义的新技术，是企业实现市场核心竞争力不断攀升的重要保证。对此，在新经济背景下的市场营销战略中，市场营销新渠道的开发必须将该项信息技术作为重要支撑条件，强调在公共层网络平台构建过程中，将整理的数据进行全面统计与分析，客观了解市场发展的新动态，以及公众关于品牌的认知情况和消费者关于产品的具体看法，进而为企业更好地适应市场发展大环境和满足消费人群需要，确保品牌的市场核心竞争力的不断提升提供客观依据。

3.建立客户服务网站

客户永远是市场营销的对象。让客户了解和接纳品牌，并最终转化为品牌的消费者，通过产品体验过程形成对品牌的依赖感，这显然是市场营销的最终目的。在市场营销的过程中，企业首先要做的是提高品牌和产品的知名度，让更多的潜在消费者知道并了解品牌和产品。这是市场营销活动的初始阶段，也是至关重要的一步。只有当人们了解了品牌和产品之后，他们才有可能对品牌产生好感，进而愿意尝试或购买产品，也就是接纳品牌并体验产品。在市场营销活动中，公共层网络平台的构建必须打造客户服务网站，不仅要提供品牌推广服务和产品引导服务信息，还要将产品售后服务信息推送给客户。

二、新营销模式的催生、巩固、精确化

信息技术的快速发展不仅让信息资源得到了高度共享和高效运用，更让各个领域的行业发展模式发生了根本性改变。企业市场营销模式受到信息技术的影响，逐渐形成了一条创新发展之路。

如图 6-2 所示，在新经济背景下，企业市场营销模式实现催生、巩固、精确化是一项极为系统的工程，具体而言就是催生并巩固新的市场营销模式，并推动其走向精确化。

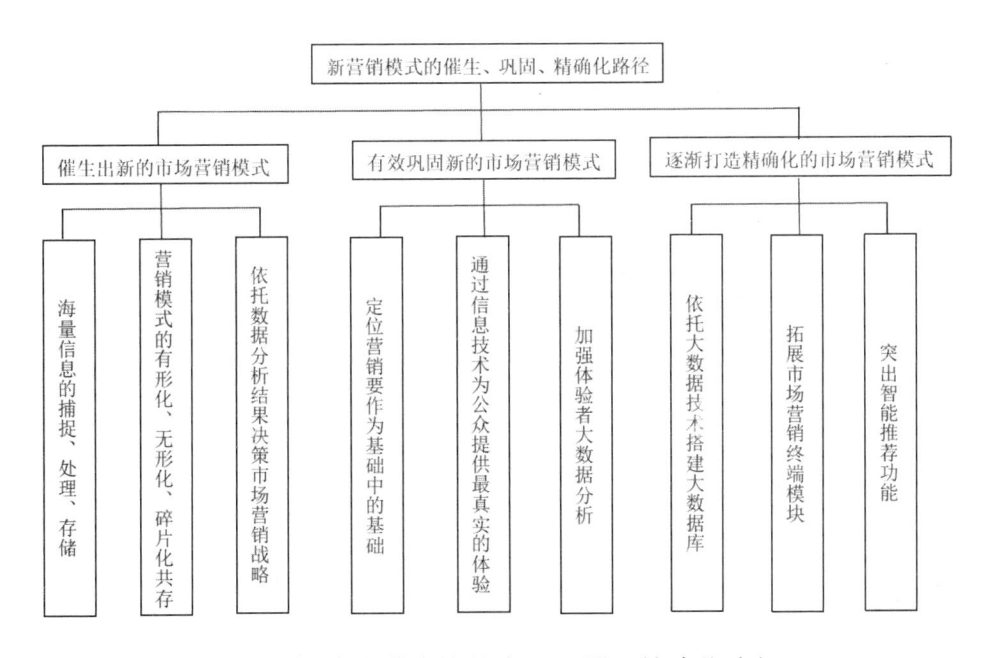

图 6-2 新营销模式的催生、巩固、精确化路径

（一）催生新的市场营销模式

从信息技术发展的现况出发，由于我国已经步入了创新时代，信息技术发展也已经形成了新业态，即"互联网+"，因此传统行业的发展也迈向了崭新的时代，"互联网+传统行业"成为当今时代的主流。企业为迎合时代发展，全面加强了对信息技术的应用，催生了新的市场营销模式——"互联网+市场营销"模式。

互联网行业的发展实现了信息透明化，人们能够通过互联网了解自己所需的相关信息，企业能够将公众的需求通过信息采集的形式进行捕捉，进而为拓展市场提供最直接、最客观的依据。

互联网为人们日常工作、学习、生活提供的便利就是实现万物互联，自身的位置不发生移动就能够满足日常必需的信息需求，这显然为市场营销提供了极广阔的发展空间。通过信息的捕捉、处理、存储，企业能够基本了解行业内部品牌推广的现况、公众关于此类产品的具体需要，最终采用多种信息传递的方式，在最佳的时间将信息推送到公众视野中，确保品牌和旗下的产品具有较高的关注度。

数据统计与分析技术是信息技术发展过程中的必然产物，各个领域普遍将数据统计与分析作为有效决策的客观依据，市场营销也立足数据统计与分析的结果，从而进行战略调整，使市场营销理念、市场营销方法、市场营销手段能够紧跟时代经济发展步伐，适应时代经济发展大环境与大趋势，推动企业市场营销战略转型更加科学化、合理化。

（二）有效巩固新的市场管理模式

信息技术是促进社会创新发展的关键动力之一。不断更新和发展信息技术是推动时代快速进步的重要力量，它与科学技术的发展相辅相成，共同加快了中国社会的发展步伐。在当前信息技术迅速发展的宏观背景下，信息技术的创新已经在各个领域展现出来，特别是在市场营销领域，信息技术引发了市场营销模式的根本性变革。

1.定位营销要作为基础中的基础

众所周知，"互联网+市场营销"模式强调的是品牌与产品的全面推广，实现公众的全覆盖，广泛了解公众切实需求的同时，发挥品牌与产品的自身优势，达到品牌的市场占有率和产品的消费者占有率最大化的目的。数据捕捉、处理、存储、分析、挖掘是市场营销模式的核心技术，但这只是该模式运行的初级阶段，中级阶段则是要立足该核心技术，针对消费者的详细信息进行深入的统计与分析，精准定位市场营销的对象，这正是定位营销的具体表现。

2.通过信息技术为公众提供最真实的体验

精准定位市场营销的对象显然距离市场营销走向成功还有很长的一段距离，企业还要为市场营销对象提供最直接和最真实的品牌体验活动。企业可通过信息技术手段将其转化为现实，如运用虚拟现实技术，使市场营销对象感知品牌的魅力，体会产品与服务的人性化等，这显然是有效巩固"互联网+市场营销"模式的有效技术手段，也是信息技术在市场营销活动中进一步彰显其价值的直观表现。

3. 加强体验者大数据分析，提高体验者物质与精神需求层次

企业在向市场营销对象提供最直接的虚拟现实体验基础上，要结合体验者的切实感受作出系统性的分析，并根据数据分析结果有针对性地向其推送相关数据，促进体验者在物质与精神层面的需求不断提升，为将其转化为长期客户打下坚实基础，同时也为顺利进入市场提供前提条件。

（三）逐渐打造精确化的市场营销模式

随着信息化进程的不断加快，大数据已经成为行业制胜的核心要素之一，是企业赢得市场的法宝所在。故此，打造以大数据系统为中心的市场营销模式，就成为拓展市场营销新渠道的有力推手。

1. 依托大数据技术搭建大数据库

众所周知，大数据技术的全面应用是确保市场营销数据深度挖掘、实现数据有效应用的支撑条件，也是企业赢得市场的核心技术环节。企业既要做到数据捕捉技术的全面应用，也要包括数据处理技术、数据存储技术、数据分析技术、数据发掘技术的深度使用，进而形成结构性强、信息覆盖范围广、使用效率极高的市场营销大数据库，为市场营销始终保持精准化提供强有力的前提条件。

2. 拓展市场营销终端模块，实现自动触发的实时精准营销

智能终端的投放作为当前市场影响战略推广的主要渠道，是企业品牌推广和了解公众需求的主要方式。因此，在依托大数据技术打造精准化的市场营销模式过程中，企业必须将终端设备的模块升级作为重点关注对象，既包括短信推送模块，也包括邮件推送功能模块，确保公众了解品牌信息和产品信息的实时性，让市场营销的精准化拥有更有利的条件。

3. 突出智能推荐功能，做到与用户喜好高度契合

市场营销的根本在于提高品牌的影响力，最大限度地开拓市场，让品牌能够在市场中占据重要位置。在此期间，通过怎样的手段提高品牌关注度，显然是企业必须深入思考的问题。利用大数据技术进行品牌和产品的推荐无疑是理想选择。大数据技术能够让推荐更加具有智能性，确保市场营销的精准度不断提升。这里所谓的智能性，关键在于捕捉消费市场数据，再进行数据处理、分析、存储，最终结合分析并存储的数据，判断公众的普遍喜好，进而将推荐信息有针对性地推送，这标志着精确的市

营销模式的形成。

三、通过数据库分析并判断客户需求

数据库又称"电子化文件柜",是按照数据的结构和规律有效进行数据存储和管理的"仓库",具有将数据进行有效组织、高度共享、统一管理的功能。就市场营销领域而言,数据库能够为其提供海量而又可靠的数据资源,企业在经过科学、准确的分析后,能够更好地判断客户的需求,确保及时有效地调整市场营销战略。

（一）建立数据库模型

数据是调整市场营销战略的重要依据。数据的充分性和客观有效性直接影响市场营销战略决策的调整。数据分析主要是对数据库中的信息进行系统的分析。因此,建立一个数据库是有效分析客户需求的市场营销活动的基础,而在建立数据库的过程中,构建数据库模型是最为重要的一步。具体而言,下述三个步骤必不可少：

1. 组织数据

针对事与物有效开展组织工作是一项极为系统的工程。对于数据而言,将其进行有效的组织关键在于两个方面：一是要将数据按照一定的方式和规律进行归并；二是要通过检索、插入、删除、更新、排序五种常用的方法,有效地处理数据。

2. 维护数据

该模块作为数据库的又一重要组成部分,其作用体现在数据内容的维护上,确保数据库不会存在错漏、冗余的数据。另外,企业还要在数据更新、数据逻辑一致性等方面进行维护,确保数据本身能够为其决策提供最为准确和客观的依据。

3. 控制数据

在数据库中,数据的安全性显然是重点考虑的对象,原因在于安全性过低必然会导致数据泄露,对组织、团体、个人造成不同性质和不同程度的损害。针对企业市场营销领域,数据库中的数据安全性显然需要控制数据这一模块来完成。

（二）有效实施数据分析

在信息技术飞速发展的大背景和大环境下,数据库之所以长期存在于计算机内,并且作为计算机不可缺少的组成部分,其根本原因不仅在于其能够将捕捉到的信息进行科学存储,更在于可以为全方位数据分析提供最充足的依据。

1.确定理想的数据分析软件

企业构建数据库模型的目的不仅在于将海量数据进行有效的管理，还要将数据本身所具备的价值充分发挥出来，让其为调整市场营销战略决策提供强大的服务能力和保障能力。其间，确立理想的数据分析软件至关重要。

2.强调数据多维度分析

在通过数据分析软件进行数据分析的过程中，企业必须做到多维度分析，让数据体现公众和消费者在了解、接受、体验品牌以及旗下产品过程中的主要行为特征。企业能够通过数据分析深入挖掘市场营销的现实状况，从中认清市场营销流程和措施存在的不足，进而调整市场营销战略。

3.整理数据分析结果

在用数据分析软件进行数据分析，并且获得客观分析结果之后，企业要将数据分析结果进行全面的整理，其原则就是根据数据产生的原因进行分类和归纳，确保同性质和同作用的数据实现高度的集中。

（三）研判客户的广泛需求

数据库以及数据库的数据分析在市场营销战略调整中具有重要作用，而最终的结果则是让公众和消费者的切实需求能够得到最直观的体现，确保市场营销战略调整的科学性与合理性。对此，"研判客户的广泛需求"就成为市场营销领域数据库使用的最终追求，也是实用价值的最终体现，让信息技术在拓宽市场营销渠道中的作用实现最大化。

1.系统化分析市场营销战略实施现状产生的原因

数据分析结果具有反映现实状况的功能，并且能够让现实状况得到更加直观的体现，数据的大小更能体现问题的严重性以及优势的明显性。企业应以此为重要依据，根据数据分析结果的整理情况，结合不同类别、性质、作用的相关数据，分析市场营销战略实施状况产生的主要原因，并将其进行具体化分类，从中找出市场营销战略可提升的空间和现有优势。

2.立足现状的成因分析公众和消费者的具体需求

企业市场营销推广部门应做到深挖现状，在找出有待提升空间和优势的基础上，针对存在有待提升的空间的原因，以及形成明显优势或微弱优势的原因作出系统分析，并以此为中心探明公众和消费者在品牌和旗下产品方面的具体需求。

3.通过放大用户需求的方式有效调整市场营销战略决策

正所谓"客户的小需求是市场营销努力的大方向"，大方向的明确自然要找准客户的具体需求，并将其无限放大，由此方可确保市场营销服务做到尽善尽美。

四、科学避免市场营销渠道的冲突

相信每位从事市场营销领域研究的学者,以及相关从业者在实践中都会遇到一种情况,即市场营销渠道越多,彼此之间的冲突越多,甚至会造成不可调和的矛盾。究其原因非常简单,就是在打造多种市场营销渠道的过程中,普遍认为另一种市场营销渠道能够弥补该市场营销渠道的不足,一旦现实没有达到预期目标,就会将原因推到原来的市场营销渠道遗留的问题上,这样显然不利于市场营销渠道的拓宽,甚至会使原有的市场营销渠道逐渐封闭。对此,企业应客观准确地分析现有市场营销渠道所具备的优势条件,在此基础上找出存在的劣势,并且实现市场营销多种渠道之间的有效互补。

(一)精准分析现有市场营销渠道的优势

客观审视市场营销渠道无疑是市场营销走向成功的先决条件。然而,在审视市场营销渠道现状过程中,企业普遍将找出存在的漏洞和不足放在第一位,这显然会使从业人员产生一种错觉,即市场营销渠道问题过多、漏洞百出,这不仅不利于找出优化市场营销策略的具体措施,更不利于相关从业人员树立自信。

第一,通过多样化的网络渠道了解公众与消费者关于品牌和产品的认知度。随着当今时代发展步伐的不断加快,人们更加注重品牌自身所展现的品质。品质显然是品牌在市场站稳脚跟的关键因素。品牌品质化发展之路才是品牌赢得市场的又一关键因素。因此,在市场营销战略调整过程中,企业应通过多种网络渠道,对公众与消费者对品牌和产品的认知程度进行广泛了解,从中知晓品牌的社会影响力以及产品本身的消费者满意度,进而精准挖掘出市场营销战略可长时间保持的因素,并且探索可再度提升的空间。

第二,有效分析公众与消费者关于品牌和产品的满意度。企业应通过多种网络渠道多维度了解公众与消费者关于品牌和产品的满意度,并且将数据上传至数据库进行存储、管理、分析、共享,根据海量数据分析结果,制定有效的满意度评价量表,获得社会关于品牌和产品的满意度。其中必然包括关于品牌发展理念、品牌文化、品牌定位等多方面的满意因素和不满意因素,以及关于产品功能性、实用性、美观性、价值性的满意和不满意因素,企业应通过科学的算法进行统计与分析,最终找出现有市场营销渠道存在的优势,这也是品牌、产品在市场和社会中的核心竞争力的具体呈现。

(二)客观审视现有市场营销渠道存在的不足

"不足"通常可以视为"可提升空间",也是问题的具体表现。在市场营销领域中,市场营销渠道存在可提升空间往往由多方面原因造成,客观审视其原因必会促进市场营销渠道的不断完善。

第一，明确公众与消费者对于品牌和产品的认知度，分析推广路径的不足之处。企业在拓宽市场营销渠道的过程中，不仅要先明确现有渠道的具体优势，还要结合公众和消费者针对品牌和旗下产品的认知程度，客观分析其认知过程中存在的遗漏和不足，从而找出推广路径存在哪些可提升的空间，最终明确推广路径可完善之处，甚至将其作为新渠道构建的方向。

第二，依托公众与消费者对品牌和产品的满意度，明确成长与创新的不足之处。品牌的成长与产品的创新是相互依托的关系，前者造就后者，后者促进前者实现高品质。为此，在市场营销新渠道的拓展中，企业要依赖公众与消费者关于品牌和产品的满意度，分析品牌成长道路和产品研发道路中的不足之处，借助数据分析结果阐明市场营销渠道中细节上的缺失和可提升空间，确保品牌和产品自身的品质实现同步提升，让现有的市场营销渠道和待开发的市场营销渠道尽可能地发挥作用。

（三）力保市场营销渠道的优势互补

科学避免市场营销渠道之间的冲突，最有效的方式就是让市场营销渠道实现优势互补，彼此都能在市场营销活动中发挥不可替代的作用。但是，将其转化为现实必须有三个基本条件作为支撑，即数据库和数据分析能力、市场营销对象的科学划分、有针对性地制定并实施市场营销策略。

第一，依托数据库的数据分析结果，明确市场营销渠道的功能性。数据库作为在信息资源平台有效获取相关信息，并将其进行处理、存储、分析的重要技术手段，不仅能够让市场营销活动开展的现状得到更加客观的呈现，还能让市场营销渠道运行过程中存在的功能性特征充分地展现出来。为此，在市场营销渠道拓宽的过程中，有效避免渠道间存在的冲突就必须高效运用数据库，将广泛捕捉、有效存储的数据进行处理与分析，确保市场营销渠道的功能性得到充分体现，让市场营销渠道的功能不断完善和升级的同时，实现优势功能作用最大化。

第二，结合品牌与产品推广对象的特点，有针对性地实施品牌与产品的市场营销策略。企业要依托不同的市场营销渠道所划分好的对象，进行有针对性的市场营销策略改进，如品牌文化感知力的引导、产品售前的消费心理引导、产品售中与售后的体验引导等，力求让品牌与产品营销策略更具针对性，避免市场营销渠道之间产生冲突。

第四节　建立完善的市场营销服务体系

企业在激烈的市场竞争中，能否通过制定市场营销战略来获得优势地位，不仅取决于市场营销策略是否全面，还取决于市场营销服务体系是否高度完善。

一、建立数字化模型进行市场营销服务方案分析

数字化模型是客观反映事物发展现状和发展规律的科学方法，特别是在新经济时代背景下，企业市场营销活动必须有充足的信息保证其可持续发展，因此采用数字化模型分析行业市场营销方案与特点就成为理想的选择。"服务"是影响市场营销方案整体水平的关键条件之一，通过数字化模型分析行业市场营销服务方案与特点自然也是必不可少的环节。但其操作过程较为系统，企业在建立数字化模型分析行业市场营销服务方案与特点的过程中，必须有最基础的条件作为支撑，同时有关键的推动力作为辅助，最终有完善的数据分析方案作为保证，只有这样才能确保行业内市场营销服务方案和特点的分析结果更为准确。

（一）打造人、产品、品牌的服务数据分析

数字化模型最突出的特点就是能够通过不同数字组合的形式，向人们反映最直观的现象，从而帮助人们从侧面分析现象中存在的问题，并做到将问题的成因进行全方位分析。在数字经济背景下，行业内部市场营销活动的全面开展离不开全方位的服务作为保证，服务方案是否可行和特点是否突出都会影响各个企业市场营销的成果，所以企业普遍会选择数字化模型分析的方式，让行业内部市场营销服务方案和特点充分反映出来，由此方可确保市场营销服务方案能够博采众长。服务数据分析应包含人、产品、品牌三个维度。

具体而言，针对"人"这一维度，数据分析模型要立足各个企业关于品牌为公众提供的服务，以及产品为消费者提供的服务进行信息获取，并将其转化为数字进行分析，将各企业的市场营销服务范畴、服务能力、服务效果全面而又客观地展现出来，确保公众和消费者的品牌认知程度，以及产品兴趣度和关注度能够充分体现。

针对"产品"这一维度，数据分析模型要立足各企业产品固有的特点以及消费者的消费心理两方面，将产品在全社会范围内的认可情况进行信息捕捉，并将其进行数字化处理和分析，形成具有普遍意义的数据，通过分析获得各企业产品本身在市场营销中所能够带来的间接服务，从而认知行业内部企业品牌创新发展和产品研发的核心

条件。

针对"品牌"这一维度，数据要来源于公众对品牌文化的感知、接纳、认可，这是企业赢得市场，并且始终保持可持续发展的根本。数据分析的结果能够帮助企业辨明行业内部各企业品牌服务的总体情况，最终为分析本企业在市场营销活动中，品牌服务存在的不足和成因提供最直观和最可靠的数据支撑。

（二）整合各种第一数据分析行业内部各企业市场营销服务总体现状

1.行业内部各企业品牌推广的服务功能第一数据整合与分析

在市场营销战略中，品牌推广的服务功能主要表现在两方面：一是引导公众正确认知品牌文化的功能，二是引领公众形成正确品牌观的功能。这也正是品牌推广战略切实体现品牌魅力必须具备的两项基本功能。

2.行业内部各企业产品销售服务功能第一数据整合与分析

产品销售环节的服务功能主要体现在消费群体正确建立消费观，让产品的实用性、价值性、美观性、功能性得到充分展现，力求市场营销活动始终面向消费者。这些显然都是企业在有效进行产品销售服务功能第一数据分析过程中必须关注的，也是企业在市场营销道路中革新产品研发视角和全面提高产品研发层次的重要依据。

3.行业内部各企业消费人群的引领情况第一数据整合与分析

众所周知，企业市场营销活动方案的实施，其目的就是将品牌在市场中全面推广，在市场发展洪流中占据有利的位置，使产品能够得到更为广泛的认可，最终实现品牌利益最大化，凸显市场营销的价值。在此过程中，消费人群的消费心理得到正确引领显然是关键，将行业内部各企业该方面的第一数据进行全面整合和系统分析，必然确保企业有效改变消费人群的消费观念，最终成就品牌和产品未来发展大方向，实现市场营销的预期目标，增强市场营销的可持续性。

（三）通过人群分析、商品分析、品牌分析、流量分析实现市场营销服务决策的科学化

前期运用数字化模型分析行业市场营销服务方案与特点的目的非常明确，就是要让行业内部各个企业在市场营销服务方案中的优势以及有待提升的方面全面展现出来，取长补短，最终实现科学完善企业市场营销战略中的服务决策。

1.人群分析的内容与侧重方向

人群分析的内容与侧重方向主要包括消费者对品牌的认知心理和基本诉求，以及消费者在产品的性能、美观度、价值性等方面的体验感。在此过程中，企业能够发掘品牌与产品推广的服务新重点。

2.商品分析的内容与侧重方向

商品分析的内容与侧重方向主要包括各企业推出产品在造型方面呈现的艺术感和美观度，在实用方面呈现的耐用性和便捷性，在价值方面体现的收藏性和保值性，等等。企业应分析上述三方面的具体服务措施和关注的焦点，并从中吸取经验和教训，确保企业产品在推向市场的过程中，能够在服务决策方面更加精准化。

3.品牌分析的内容与侧重方向

品牌分析的内容与侧重方向主要包括消费者关注视角的导向力、品牌文化的感染力和品质内涵的展现力三方面。这三方面是品牌在市场营销道路中，无形引导消费者客观认知品牌发展优势，有效提升公众品牌认可度的关键条件。故此，对其进行有效的数据分析，全面总结各企业在品牌市场营销战略中的优势，将其与企业市场营销战略实施现状紧密结合，必然会形成更加科学化、合理化的品牌市场营销服务新决策。

4.流量分析的内容与侧重方向

流量分析的内容与侧重方向主要包括了解品牌和产品的客流量、体验品牌和产品的客流量两方面。众所周知，各企业在市场营销道路中，不仅有网络营销渠道，还有线下营销渠道，以此让公众和消费者更加直接地了解和体验品牌，以及品牌旗下的相关产品。线上和线下的客户流量分析能够呈现企业服务质量的高低，将其进行有效的数据分析，必然会反映出各企业在市场营销服务过程中的优势与劣势，从而能够帮助企业在市场营销战略构建与调整中，优化出一套行之有效的服务新方案。

二、积极构建市场营销服务多方协同平台

市场营销战略作为企业有效将品牌和产品推向市场，最终得到公众高度满意并转化为购买行为的总称，其战略意义与战略价值自是不言而喻的。其中，市场营销服务能否达到战略高度显然起着至关重要的作用。企业应在做到将市场营销服务方案与特点进行全方位数据分析的基础上，建立一套完整的市场营销服务多方协同平台，为系统化打造市场营销服务体系总体框架奠定坚实基础，并为新经济背景下市场营销战略趋于理想化提供载体。

（一）生产端服务平台的构建

从新经济背景下的市场营销战略构建的全面性角度出发，服务体系的构建不仅要有全面、客观、有说服力的依据作为前提，了解公众和消费者在认可品牌和产品过程中的具体需求，还要将产品所能够满足公众和消费者需求的信息传递出去，只有这样才能保证品牌和产品得到广泛的信赖。对此，生产端服务平台的构建就成为不可缺少

的一部分，也是市场营销服务多方协同平台最基本的构成。

1. 产品工艺服务模块

企业要将产品在生产过程中所用到的传统工艺和新工艺第一时间传递给消费者，让其感受到产品复杂化和精细化的生产工艺。这样既能够让消费者了解产品的"颜值"与生产工艺紧密相关，又能够促进消费者通过产品本身加强对品牌自身内涵的理解。

2. 产品材料服务模块

产品的材料是产品材质的决定性因素，材料本身是否高度环保，是否耐磨、耐腐蚀，是否拥有极好的手感取决于产品材料的选择。为此，在生产端服务平台中，产品材料服务模块应包括材料原产地、材料的作用性和环保性、材料本身的科技性等多方面信息，力求通过生产端服务平台让消费者更好地了解产品基本构成，为激发消费者的购买欲创造有利的条件。

3. 产品功能性服务模块

毋庸置疑的是，公众选择某个产品通常关注的第一焦点就是外形，但最主要的还是产品自身的功能能否满足自己在使用过程中的需求。为此，企业在搭建产品生产端服务平台的过程中，必须重点突出产品自身所具有的功能性，让消费者不仅深刻了解生产工艺的复杂与精细、产品材料选择的考究、健康、环保，同时体会到产品的强大功能，进而引导公众产生强烈的消费欲望。

（二）销售端服务平台的构建

销售是市场营销战略构成的关键部分，品牌和产品的推广效果会直接在这一部分中体现出来。故此，企业在制定和优化市场营销战略过程中，通常会从销售端寻找侧重点，以求品牌和产品的推广效果达到最佳。于是，在市场营销服务体系的构建中，多方协同平台的构建自然要将打造销售端服务平台放在关键位置。

1. 突出"以人为本"的市场营销理念

品牌和产品推向市场、推向社会的最终目的就是要满足消费者的需要，最大限度地得到消费者的认可，并将其认知心理转化为消费行为，最后形成对品牌和产品的依赖感。但是"以人为本"的市场营销理念绝不能绕开经销商，只有先让经销商深刻认同这一市场营销理念，才能将其推向市场、推向社会，使市场营销的效果最大限度地保持理想化。同时，这也是销售端服务平台构建的首要条件，更是全面提高市场营销服务端质量不可或缺的因素。

2. 彰显企业售前、售中、售后服务视角

企业将品牌和产品推向经销商的角度必须体现在促进合作方面，原因在于经销商是品牌的推广大使，更是产品销售渠道的开拓者，只有为经销商提供全方位的服务，

市场营销的效果才能得到充分体现。所以，企业在搭建市场营销服务多方协同平台的过程中，要高度重视经销商，并为之提供售前、售中、售后服务，确保经销商先认可品牌和产品，从而才能更好地将其推向市场、推向社会。

3.明确广泛听取意见与建议的服务原则

企业为经销商提供良好的服务，必然会促进品牌和产品的市场推广，确保产品的社会关注度不断提高，从而为品牌和旗下产品在市场和社会中占有重要地位提供有力保证。对此，在销售端服务平台模块中，必须添加经销商意见与建议反馈模块，让经销商及时反馈品牌与产品存在的问题，这显然有利于品牌升级和新品研发环节的高质量开展。

（三）零售端服务平台的构建

零售商作为市场营销战略中的重要节点，其作用就是将品牌优势和产品优势直接推送至消费者，并引导其进行品牌和产品体验，增加其对品牌的依赖感。

1.品牌与产品信息的全方位公开

在新经济背景下，消费者了解品牌和产品的途径已经从有形化向无形化过渡，所以在市场营销战略中，通过网络信息的形式向消费者推送品牌和产品信息显然是企业的理想选择。该做法的目的在于让消费者能够深刻意识到品牌发展有哪些新视角，产品的开发有哪些创新性，这样品牌和产品的市场知晓程度以及社会影响程度才能实现全面提升。

2.品牌推广与产品销售活动信息的高度透明

市场营销活动必须体现高度的策略性，由此才能拓宽消费者对品牌的认知范围，消费者才能意识到产品的优势所在。基于此，在打造零售端服务平台的过程中，企业的品牌推广与产品销售活动信息模块必须保持高度透明，让消费者能够体会到品牌推广和产品销售的力度，这样才能确保品牌和产品更好地进入消费者视野，获得其高度认可。

3.建立消费者关于品牌和产品的需求上传途径

在市场营销客户端服务平台构建中，企业在将品牌和产品信息进行全面推送的同时，还要注重消费者的具体反馈。通过收集和分析消费者对品牌和产品的反馈信息，企业可以了解自己的长处和短处。消费者在反馈中表达的建议和意见能够揭示产品或服务存在的不足。企业如果能够识别并解决这些不足，就能更好地满足消费者的需求。这样做不仅能够提升消费者的满意度，还能促进企业市场营销战略的优化和调整，从而加速企业在市场上的发展步伐。

三、确立市场营销服务体系总体框架

确立完善的市场营销服务体系先要做到知己知彼,随后还要明确多方协同的思想,这些都是为确立市场营销服务体系总体框架做准备。但是如何才能建立市场营销服务体系总体框架,主要包括以下三个方面:

(一)消费者行为数据分析

1.品牌咨询情况数据分析

公众品牌咨询情况能够反映消费者对品牌的兴趣,企业对其具体情况进行分析,能够了解品牌的社会影响力是否得到有效提升,品牌社会推广的效果是否具备进一步提升的空间。其中,数据分析的内容包括两方面:一是公众线上与线下进行品牌了解的主动性,二是公众对品牌了解的广度与深度。这些数据的分析结果能够反映出品牌在公众心中是否已经占据一定的位置,得到认可的比重是多少,不能达到满意的因素有哪些,由此为品牌推广服务提供强有力的依据。

2.产品体验情况数据分析

产品体验是消费者转化的重要依据,产品体验过程中消费者的态度自然会直接影响其购买意愿。企业针对这一数据进行分析,必然会了解产品能否被消费者广泛接受。消费者的体验感能充分说明产品的竞争优势和劣势。其中,数据分析应包括消费者在体验产品过程中的态度表达、实际操作过程中深层了解的意愿、关于售中服务的满意程度等方面,这些显然能够暗示消费者的产品需求方向。

3.产品购买情况数据分析

公众产生产品消费行为,就意味着已经实现向品牌和产品的消费群体的转变,市场营销的目的就此初步达成,但这并不能说明市场营销活动就此完成,企业还要针对购买行为之后的产品使用情况进行深入了解,进而才能确保产品研发的侧重点始终处于不断更新状态,品牌自身的品质能够得到不断提升。产品购买情况的数据分析主要包括三方面:一是产品购买数量,二是产品使用的满意度,三是能否为其引荐其他潜在用户。这些数据分析结果必然能够反映消费者对产品的认可度和需求度,为品牌升级和产品研发指明新的方向。

(二)协同服务可行性因素整合

实现市场营销服务多方协同必须具备一个基本条件,即建立完整的多方系统平台。然而在多方协同平台中并非所有的因素都能保持相互协同,依然会存在矛盾因素阻碍市场营销服务体系的全面运行,所以必须将协同服务可行性因素进行全面整合。

1.服务部门之间的协同

从新经济的内涵层面出发,新经济指的就是经济全球化和信息技术革命背景下的经济发展新形态,创意产业成为新的产业,智能经济成为时代经济发展新趋势。优质的服务成为企业品牌和产品推广的重要途径,各个阶段都要有相关的部门相互协调、共同行动,如市场营销部、市场运营部、售后服务部等,这些部门之间的通力合作能够避免矛盾与冲突的出现,这显然是全面提高市场营销质量的关键所在。

2.服务制度之间的协同

制度显然是确保各个环节保持高效运行状态的外部强制性条件,制度之间能否做到高度协同,直接关乎各个环节是否会存在纰漏,影响各个环节运行的高效性与否。针对新经济背景下的市场营销服务体系的运行而言,服务制度必然会呈现系统化特征,是否能够保持相互兼容就成为制度运行过程中的难题,如售后服务制度与售前服务制度之间存在矛盾或冲突,必然会导致后者的服务质量明显降低等。因此,将制度层面的可行性因素进行整合,必然会促进市场营销服务体系健康、高效、优质地运行。

3.服务原则之间的相互协同

从市场营销战略实施的基本要求出发,明确市场营销对象、制定市场营销战略、实施市场营销质量评价等环节,显然是市场营销战略的主体要求,更是市场营销战略的直观体现。基于此,在市场营销服务体系框架的构建中,服务对象的高度明确、服务措施的高度完善、服务质量评价的全面进行,显然是服务原则之所在,实现三者之间的相互协同,势必会促进市场营销服务质量的不断提高,最终能够为市场营销战略的可持续发展和又好又快发展提供强大的推动力。

(三)市场营销服务模块的构建

市场营销服务水平能否与时代发展大背景、大环境高度一致,直接决定了企业能否把握住最佳的市场营销机会,让消费者成为企业品牌和产品最忠实的用户。对此,拥有一套极为完整的市场营销服务模块,就成为市场营销服务体系总体框架的核心环节。

1.市场营销服务理念模块

该模块主要是整合当前市场营销服务理念,并将传统的服务理念进行优化和转换,以符合当今网络信息时代下人们的消费行为习惯,提升消费者对品牌的认知度,使消费者通过产品体验品牌独有的魅力,形成良好的消费行为,并从中发现产品自身的功能性、实用性、美观性、价值性,让企业市场营销的整体效果不断攀升。这显然是市场营销服务体系框架中服务模块的基本组成部分,也是最基本的作用体现。

2.网络营销服务动态响应机制模块

该模块主要包括服务原则、服务部门、服务制度三项重要内容,以此确保网络营销服务能够实现高度的动态化，实时满足消费者关于品牌与产品的内在需求，第一时间形成个性化服务方案。

3.消费者行为数据收集与分析模块

在前文中，笔者已经多次将数据收集、处理、存储、分析、挖掘作为重中之重，让市场营销的战略性调整能够拥有更可靠的依据。在市场营销服务体系总体框架的构建中，消费者行为数据收集与分析模块是其重要的组成部分，既要针对公众对品牌的认知行为进行数据收集与分析，又要将消费行为进行数据收集与分析，确保市场营销服务措施能够与其消费行为保持高度匹配。

4.市场营销服务决策模块

市场营销服务质量的全面提高必须要有正确的决策作为支撑，缺少正确的决策作为导向，势必会导致市场营销服务战略决策性的失误。对此，在构建市场营销服务体系总体框架过程中，市场营销服务模块必须包含服务决策模块。其中，决策模块的主要内容构成既要有战略性整体部署，也要有战略性要求、战略性措施、战略性质量评估等多方面，力求市场营销服务决策高度清晰化和系统化。

四、通过服务质量评价体系保障市场营销战略的可持续发展

服务作为市场营销战略实现永续发展的决定性条件之一，服务质量的高低显然决定了市场营销战略能否实现可持续发展。因此，对其进行全方位评价就成为市场营销战略实施的重要任务，打造出一套完整的服务质量评价体系成为摆在广大学者以及相关从业人员面前的首要任务。

（一）确立市场营销服务质量评价原则与标准

市场营销服务质量评价要将有效界定服务对象和目标、全面性和代表性相结合、评价方向多元化、指导性和发展性相结合作为重要原则。

就有效界定服务对象和目标而言，服务对象和目标过于模糊，会直接导致客户对品牌和产品的满意度下降，市场营销的战略效果很难凸显出来，所以有效界定服务对象和目标必须作为服务质量评价体系构建中的一项重要而又基本的原则。

就全面性和代表性相结合而言，在市场营销方案的实施过程中，服务不仅体现在品牌推广、产品销售过程中，还体现在品牌和产品的感知和体验的过程中，并且还要做到针对服务对象的不同制定特殊的服务方案，或有效调整服务计划，这显然是确保市场营销服务质量的关键因素，所以必须作为服务质量评价体系构建与运用的主要原则之一。

就评价视角多元化而言,毋庸置疑的是,在市场营销战略的全面落实过程中,影响服务质量的因素众多,仅从某一视角进行服务质量评价显然过于片面,不利于市场营销战略进行全方位的优化与调整,故而视角多元化必须作为服务质量评价体系构建与运用的基本原则。

就指导性和发展性相结合而言,服务质量评价体系的构建与应用最根本的作用和目的非常明确,就是要让市场营销全过程中的服务现状得到充分体现,为有效分析服务质量的现状提供客观依据,为有效制定高质量、高效率的服务措施以及有效提升市场营销战略发展的可持续性提供指导,所以该服务质量评价体系的构建与运用必须要以指导性和发展性相结合为重要原则。

在评价标准方面,要严格按照可靠、敏感、可信、移情、有形证据五个标准建立和运用服务质量评价体系,力保服务质量评价结果体现高度的客观性。

(二)科学选择市场营销服务质量评价方法

1.明确市场营销服务质量调研信息能否实现高度量化

调研信息的量化程度无疑会限制质量评价的结果是否高度准确,但是针对市场营销服务质量的市场调研和社会调研很难实现调研信息的全面量化。其原因非常简单,调查问卷中关于全面提高市场营销服务质量的建议以及访谈提纲中所记录的信息通常很难以数字的形式进行归纳和总结,由此会导致调研结果并不能进行全面的量化处理。

2.结合社会调研结果量化情况明确评价方法的确立原则

在进行市场调研和社会调研活动过程中,反馈的信息往往并不能全部进行量化,而是要根据评价标准,将具体的建议和意见进行转化,并将其视为定性评价的主要指标。另外,针对可以直接转化成数据的调研结果而言,要将其视为定量评价的具体指标,最终用科学的算法进行统计与分析,最终得出具有高度综合性的市场营销服务质量评价结果。定性与定量相结合自然成为确立评价方法的主要原则所在。

3.确立高度适用的市场营销服务质量评价方法

立足市场营销社会调研结果的量化程度,笔者确立了定性与定量相结合的服务质量评价方法的选择原则,能够满足该原则的评价方法也由此确定,即模糊综合评价法。因为该评价法能够将描述的事物进行模糊化处理,根据评价标准用数字的形式表示评价结果,同时能针对已经量化的指标进行统计与分析,得出具有高度客观性的评价结果,最后将其进行综合分析,保证服务质量评价结果的高度准确,并且数据分析软件还能够为之提供相应的改进建议,让市场营销战略始终可持续地发展。

(三)建立完善的市场营销服务质量评价指标体系

评价指标体系是否完善,直接影响评价结果是否具备科学性、客观性、发展性、指导性。

1.确立市场营销服务质量评价主体内容

评价内容的实质就是针对评价主体，明确需要对哪些领域进行相关评价，具有明显的方向性和广泛性两个基本特征。就市场营销质量评价而言，评价内容主要包括品牌推广、产品销售、跟踪服务。其中，品牌推广主要围绕品牌市场传播和社会传播两方面。产品销售立足产品推向社会的过程进行服务质量评价，该评价是品牌推广的重要推手之一。跟踪服务是影响市场营销服务质量的关键性因素，具有在一定程度上改变消费者关于品牌和产品固有认知的作用。

2.建立市场营销服务质量一级评价指标

在明确主要评价内容的基础上，企业要找出影响品牌推广、产品销售、跟踪服务的直接因素，将其作为一级评价指标。其中，必须要有该领域权威专家对该级评价指标进行打分，并且按照权重系数进行排列，由此，确保一级评价指标所涉及的要素能够直接反映市场营销模式、途径、措施的总体现状。

3.打造新经济背景下市场营销服务质量二级评价指标

在这里，二级评价指标是对一级评价指标的进一步细化，以确保服务质量评价结果能够客观地反映现实状况，让评价结果本身的综合性和客观性更加明显，为全面提升市场营销服务质量提供更为充分的依据，同时为进一步完善市场营销战略提供更为有力的保证。

参考文献

[1]安蕊,朱英泮.企业市场营销管理及创新策略[J].中国市场,2021,(6):135-136.

[2]张君玲.客户关系管理在企业市场营销中的作用初探[J].现代营销(经营版),2021,(1):80-81.

[3]胡宁宁.大数据时代背景下的企业市场营销策略思考分析[J].商场现代化,2021,(4):44-46.

[4]张佳蕾,王漫漫.奢侈品公司的产品策略与定价研究：考虑新时代消费者特点[J].中国科学技术大学学报,2020,50(4):497-515.

[5]龚立恒.新发展阶段商贸流通企业市场营销问题研究[J].商业经济研究,2021,(11):67-69.

[6]李丽.新经济背景下企业市场营销的创新方法研究[J].商展经济,2021,(16):30-32.

[7]邱成峰,孙智贤."互联网+营销"背景下企业市场营销策略探讨[J].投资与创业,2021,32(17):29-31.

[8]徐子越.新媒体环境下企业市场营销策略[J].商场现代化,2021,(19):24-26.

[9]张岩.企业市场营销管理创新路径探究[J].中国市场,2021,(31):135-136.

[10]苏琬霎.网络经济时代企业市场营销策略研究[J].经济研究导刊,2021(33):73-75.

[11]孙丹.创新驱动战略背景下中小企业市场营销策略的创新路径[J].赤峰学院学报：汉文哲学社会科学版,2023,44(1):104-106.

[12]陈敬芝,李耀.乡村振兴背景下乡村旅游市场营销创新路径探索[J].赤峰学院学报：汉文哲学社会科学版,2023,44(9):75-78.

[13]巴金.人工智能背景下现代企业市场营销的战略思考[J].国际会计前沿,2023,12(4):6.

[14]傅程华.试论茶企市场营销策略的创新路径[J].福建茶叶,2022,44(9):3.

[15]申君昱.大数据环境下企业市场营销策略创新的路径选择[J].上海商业,2023,(6):46-48.

[16]熊亚丽,潘益新.大数据环境下企业市场营销策略创新的路径选择[J].产业与科

技论坛，2022，21（18）：15-16.

[17]钱俊.企业市场营销管理创新路径探析[J].商情，2023，(30)：81-84.

[18]张子峰.互联网时代下市场营销的创新路径分析[J].老字号品牌营销，2023，（21）：12-14.

[19]许晴.高职市场营销教学的创新路径探析[J].河南教育：教师教育（下），2022，（7）：2.

[20]刘颖.市场营销管理创新途径研究[J].老字号品牌营销，2023，（17）：21-23.

[21]刘晨，付秋峰.市场营销模式创新助力商贸流通企业健康发展路径分析[J].商业经济研究，2023，（4）：162-164.

[22]薛天桥，张辉.市场营销模式创新对饲料企业的意义及路径探索[J].中国饲料，2023，（12）：105-108.

[23]杨岗喻.主题出版图书市场营销管理创新的路径探析[J].理财：经论版，2022，（10）：90-92.

[24]吴欣懿.互联网时代企业市场营销策略转型路径探索[J].现代商业，2023，(18)：31-34.

[25]于涛.市场营销战略管理与创新研究[J].产业创新研究，2022，（9）：141-143.

[26]潘炜.市场营销战略管理与创新初探[J].中文科技期刊数据库（全文版）经济管理，2022（5）：3.

[27]温剑峰.企业市场营销战略的创新与对策研究[J].商场现代化，2023，（11）：41-43.

[28]王军成.基于现代企业管理中营销战略管理的创新思考[J].质量与市场，2023，（18）：28-30.

[29]崔登峰，王楠楠.营销能力与创新投入：基于客户集中度的视角分析[J].企业经济，2022，41（1）：10.

[30]王鸿.浅谈新时期市场营销策略的发展与创新[J].产业创新研究，2022，（1）：57-59.

[31]陈芷瑶.后疫情时代高职市场营销人才培养的探索[J].现代商贸工业，2023，44（11）：146-149.

[32]李柘男."互联网+"背景下农业企业营销机遇及路径[J].河南农业,2022,(27)：47-48.

[33]任书娟."互联网+"背景下农产品市场营销的机遇、挑战与现实路径[J].农业经济，2022（9）：130-132.

[34]李磊.网络经济时代市场营销策略转变的路径研究[J].中国市场，2023，（18）：133-136.

[35]张宁.网络经济时代下市场营销路径研究[J].中文科技期刊数据库（全文版）经济管理，2022（12）：3.

[36]徐明炜.市场营销战略管理与创新的思考[J].农村经济与科技，2022，33（8）：3.

[37]王道彩.网络经济视角下电商企业营销模式的创新路径探究[J].商展经济，2023，（4）：61-63.

[38]孟喆.旅游投资企业创新管理策略研究：从工商管理视角探究其影响因素与实践路径[J].中国经贸，2022，12（23）：31-33.